KOZLIFE

LOVE FOOD LOVE LIFEで暮らす、
北欧スタイルのアイディア

produced by KOZLIFE

DANMARK

はじめに

KOZLIFEをオープンして、もう8年。
はじめはオフィスもなくって、自宅兼倉庫兼……
というバタバタな状態でスタートしたことを
つい昨日のように思い出します。
ひょんなことから今回、このような本を出させていただくことになり、
ますます感慨深い今日この頃。
私たちの思いを少し、お伝えさせてください。

自分たちが「良い」と思うものを販売する。
お客様が、わくわくするようなものを、お店にたくさん並べる。
オープン当時から一貫して心掛けてきたことが、
今でも同じように続けられていること。
それって実は本当にすごいことだと思います。
そして、その気持ちを共有できる仲間が増えて、オフィスも持てて……。
毎日、いろいろな人、出来事、すべてに感謝しています。

感謝の気持ちを少しでも、皆さまに伝えたい。
普通のネットショップがやらないようなことをしたい。
そして……食べることがとにかく大好き!
そんな思いで日々のブログや特集記事を更新してきましたが、
楽しんでいただけているでしょうか。

この本は、日々の更新では伝えきれないことやものを
紹介していければと思っています。
PCの前でショッピングも良いけれど、
丁寧に淹れたお茶ととっておきのお菓子を出して、
じっくりと本を読むような時間をお届けできたら、幸せです。

KOZLIFEスタッフ一同

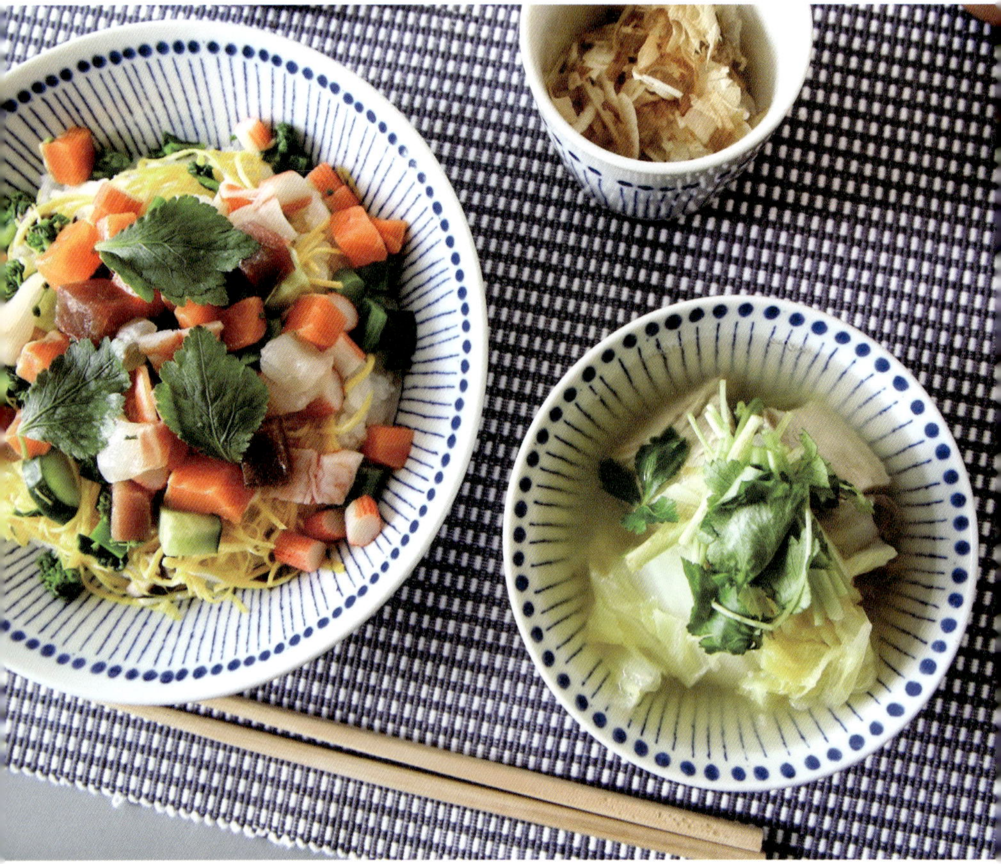

CONTENTS

はじめに __ 2
CONTENTS __ 4
KOZ staff __ 8

LOVE FOOD __ 12

KOZ まかない __ 12
KOZ おやつ __ 26
KOZ おかず __ 30
KOZ パスタ __ 35
KOZ STYLE TABLE __ 39

LOVE LIFE __ 42

SEASONAL DISPLAY __ 43
KOZ Flower Lesson __ 68

SOMEONE'S 【KOZLIFE】 __ 76

KOZ NEWS! __ 102

Products of KAHLER __ 103

Products of HAY __ 115

おわりに __ 126

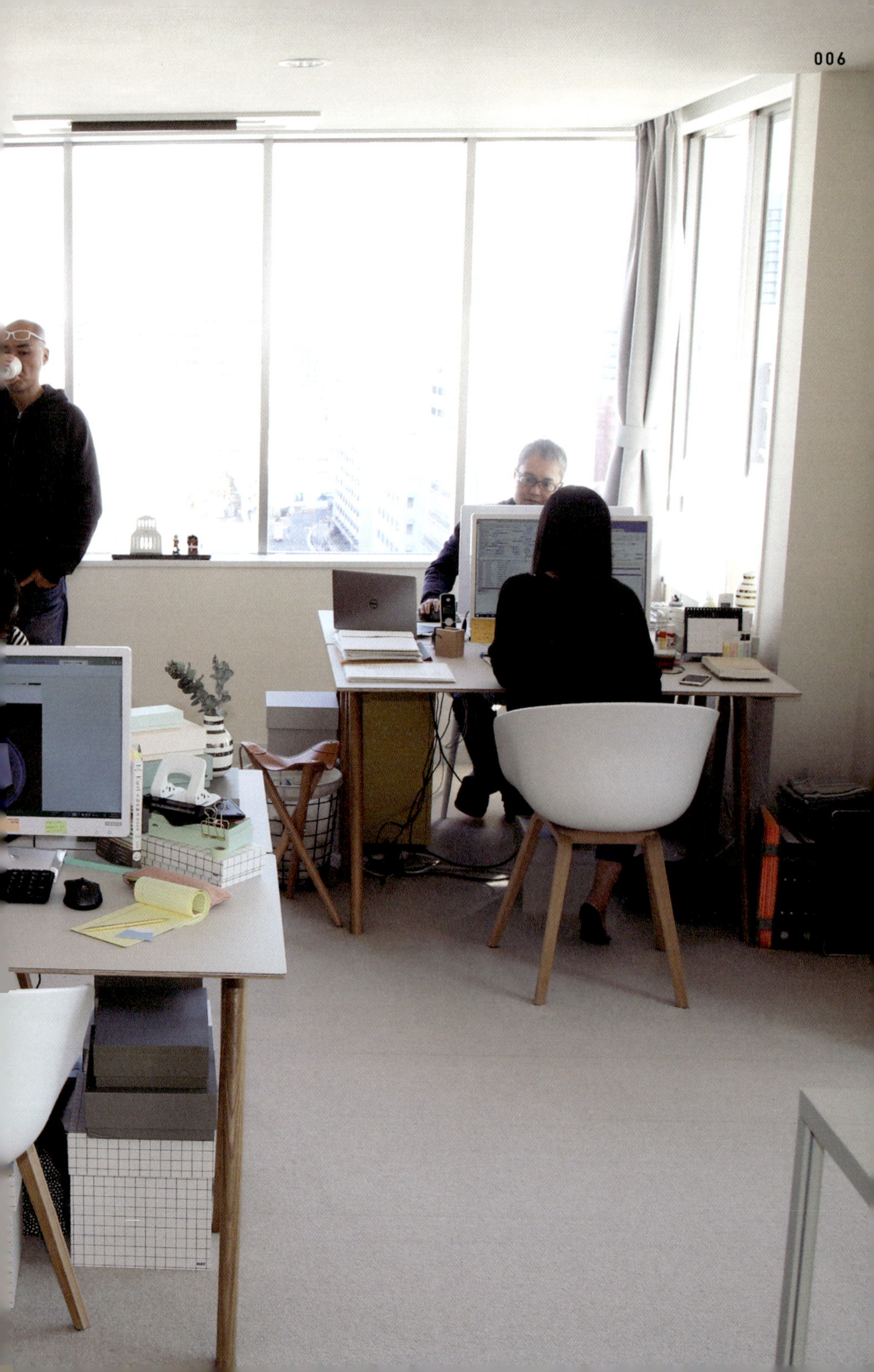

007

STAFF PROFILE

小柴シェフ
KOSHIBA CHEF

「KOZLIFE」
北欧雑貨や食器、家具などを中心に展開するネットショップ。「自分たちが本当に良いと思ったもの」だけを扱っています。本書に出てきたアイテムが気になった方も、そうでない方も、是非一度お店に遊びに来てくださいね。
http://www.kozlife.com/

幼少の頃から海外生活が長く、色々な国を旅し・学び・食べ…。実は日本語より英語の方が得意です。ページ内の英語キャッチコピーは私が考えているんですよ。先代のモットー「美食愛」美しいものを愛し、美味しいものを愛することによって家族円満につながり周りも幸せにする。そのモットーを胸に KOZLIFE でも皆さんに愛されるものを提案していきます！

店長みわこ
TENCHO MIWAKO

健康大好き！身体に良いものを日々探求してる毎日です。食べるものは特に気を使いますね。出来るだけ旬の食材を食べたり、バランスを考えたり。。。KOZ まかないは、スタッフの健康を気遣って作っているんですよ。でも、考えすぎるとストレスがたまるから程よい息抜きも大切にしてます。お酒も大好きですし笑。たくさん笑って美味しいものを食べて、元気いっぱい毎日を楽しんでま〜す♪ 不健康ほど怖いものはありません！

009 / STAFF PROFILE

ケニー・カネダ
KENI KANEDA

数あるネットショップの中で、比べない、競わないが、KOZLIFE です。自分たちが良いと思った商品を、自分たちで使ってそれをどうネットで表現するか。そう考えるうちに、8年たったらこういうショップになっていました。3人で始めた KOZLIFE も今では倍以上の仲間が増え、とにかく毎日がにぎやかです！昭和の大家族のように食卓(まかない)を囲み、ワイワイガヤガヤ。。。。。 かと言って仕事中静かなわけもなく、ワイワイガヤガヤ。。。。。 今後いろんな企画も出していきたいと思います。新しい商品もどんどん提案していきます。まかないでは嫌いな野菜たべます！今後とも KOZLIFE をよろしくお願いいたします。

アカネ
AKANE

デンマーク大好き！北欧好きではなくて「デンマーク」が好き。どこにいてもデンマークという言葉に敏感です。デンマーク語を聞くとなんだか落ち着きます。最近の趣味はアイシング。実は KOZ のデザート担当だったりします。

010

KOZ で異彩を放つ、山をこよなく愛するユザワです。山や自然の中にいると、家で過ごす時間の大切さを。家にいると、山や自然の素晴らしさを。両方の良さを感じながら過ごしています！モノや美味しいごはん、珈琲が大好き！！その気持ちを言葉やデザインにのせて、皆様にお届けしています。

ユザワ
YUZAWA

展示会・POP UP SHOP 担当のエリカ嬢です。山に登る事、ご飯を作る事、そして何より "LOVE FOOD"！ 食べる事が大好き！クレープ焼くのが得意です♪ パソコンは苦手な私ですが…皆さんに KOZ のアイテムをもっと知ってもらえるように日々勉強中ですー！

エリカ嬢
ERIKA JOU

プロフィールイラスト／ユザワ

011 / STAFF PROFILE

LOVE FOOD

「ネットショップなのに、どうしてこんなにまかないが充実してるの？」私たちが受ける質問の中でも、ダントツで多いのが"まかない"について。KOZLIFEはネットショップなのに、シェフがいて、ネットショップなのにみんなで揃ってご飯を食べるルールがあります。それはなぜかって？答えは簡単。ごはんが大好き！だからです。
そんな私たちのまかないを、お気に入りの食器と共にご紹介。見てるだけでお腹が空いてくるかも!?

make makanai = make happy

LOVE_FOOD
KOZ
まかない
MAKANAI
VOL.1

013 / LOVE FOOD　*vol.1_makanai*

みんなで順番に当番にしていたまかない作り。昨年からはフードコンシェルジュのあやさんも手伝ってくれるようになり、これまで以上に楽しい食卓となりました。

食器、プレイスマット、調理器具……実際に使ってみて初めて商品として採用するか考えるようにしています。「いい」と思ったものだけを、お客様にお届けしたいのです。

また、まかないタイムはコミュニケーション時間としても重要。業務中に伝えられなかった、ちょっとしたことも、美味しいごはんを食べながらなら気軽に相談できます。

01.

MAKANAI MENU

2015.2.5

ほうれん草の胡麻和え
生姜とじゃこの炊き込みごはん
豆腐と鶏肉の炒り卵
大根のそぼろ煮

ヨーロッパ出張で疲れ切った
胃に優しい和食が沁みます。

▶ staub：ピコ・ココット／ラウンド
▶ 千段十草：中平椀
▶ 1616 / arita japan：スクエアプレートM、
　ラウンドプレート
▶ H.SkjalmP.：プレイスマット

015 / LOVE FOOD vol.1_makanai

深さのあるウワスラボウルに盛ると、取り分けやすい
＆テーブルもスッキリ！

普通のコールスローにはない手順に、
みんなビックリ＆じゅるり（笑）。

02.
MAKANAI MENU
2015.2.10

キャベツのコールスロー
押し麦と色々お野菜のジェノベーゼソース
豚肉のインボルティーニ バルサミコソース
ムール貝と菜の花のサフランリゾット

コールスローは、ビネガーなどでキャベツをマリネした後、スキレットで熱したオイルをかけるんです。オイルにはにんにく、鷹の爪、ローリエで香りづけして、元気の出る風味に。

▶ **1616 / arita japan**：ラウンドプレート
▶ **LODGE**：スキレット
▶ **KAHLER**：ウワスラ ボウル M
▶ **H.SkjalmP.**：プレイスマット

押し麦サラダは色とりどりで食欲をそそる一品。豚肉のイルボルティーニは凝った料理に見えて意外と簡単。
気になった方はぜひブログでレシピをチェックしてみてくださいね。

016

アリタのスクエアボウルはサイズと深さがショートパスタに大活躍。

ボタニカミニのフラワーベースは、背が低いのでダイニングテーブルにも邪魔にならないサイズ感です。

03.
MAKANAI MENU
2015.2.24

シラスと生のりのパスタ
香味野菜とチキンの煮込み
ブロッコリーとカリフラワーのアンチョビ和え

スキャルムのランナーを使ったテーブルコーディネイトも大好評。シンプルだけど存在感ありますよね。今日はインディゴとブラックの二色使いです。

▶ **1616/arita japan**：スクエアボウル M、スクエアプレート M、ディーププレート（ブルー）
▶ **staub**：ピコ・ココット／オーバル
▶ **H.skjalm.P**：テーブルランナー
▶ **KAHLER**：ボタニカミニ フラワーベース（グレーローズ）

アリタのプレートはシリーズ違いを合わせても好相性。テーブルランナーでスッキリまとめて。

017 / LOVE FOOD vol.1_makanai

今日は女の子の節句、ひな祭りスペシャルです。1616 Arita/Japan のキレイなブルーが食材の持つ美しさを引き立ててくれます。

それぞれ好きなプレートに取り分けて……。

04.
MAKANAI MENU
2015.3.3

ちらしずし
塩豚と白菜のスープ
新玉ねぎのサラダ

食欲そそる、色鮮やかなちらしずしに
みんな「わ〜！」っと感激。

▶1616 / arita japan：ディーププレート（ブルー）
▶蒼十草：小ボウル、ディーププレート、
　そばちょこ
▶H.SkjalmP.：プレイスマット

018

05. 2015.3.24

MAKANAI MENU

ココナッツチキンカレー
厚揚げのアジア風炒め
コールスローサラダ
ムヤンパピクルス

みんなが大好きなカレーには、ターメリックライスとソテーして添えた旬の野菜で目にも楽しい一皿に。リーフディッシュでシェアした色々おかずも食欲をそそります。

▶蒼十草：ディーププレート
▶KAHLER：コーノ リーフディッシュ

みわこ店長特製の
ムヤンパピクルス

コールスローサラダ

厚揚げのアジア風炒め

美味しいカレーと付け合わせのおかずで、みんなモリモリおかわりをしていました。深さのある蒼十草は和食器ながらカレーにもぴったり。使い勝手の良い一枚です。

019 / LOVE FOOD vol.1_makanai

連休明けに気持ちを盛り上げる、カラフルなコーディネートでわいわいまかないタイム！

野菜たっぷりのミネストローネスープ。
サンドイッチ用の具材をカットして、余った野菜の
切れ端などもどんどん投入しちゃいましょう。

みんな大好き！あやさんのコールスローサラダ。
ついついリクエストしてしまうKOZの定番です。

06.
MAKANAI MENU
2015.5.11

お好みサンドイッチ
野菜たっぷりミネストローネ
ローストポテト
コールスローサラダ

具材を選ぶのが楽しいお好みサンドイッチは
マノのコーディネートで華やかにいただきました。

▶KAHLER：マノ ボウル、マノ プレート
マノ ディナープレート、マノ ミニボウル
ウワスラ ボウル、ウワスラ カップ
▶Menu：カッティングボード
▶H.SkjalmP.：テーブルランナー

07. 2015.6.5

MAKANAI MENU

トマトの冷製パスタ
シェパードパイ
シーザーサラダ

たっぷりミートソースの上からマッシュポテトをかけて、オーブンへ。スキレットを使えばそのまま食卓に出して、最後までアツアツでいただけます。

- ▶ LODGE：スキレット
- ▶ KAHLER：ウワスラ ボウル L
- ▶ 蒼十草：ディーププレート
- ▶ KINTO：カプセル ウォーターカラフェ

いつまでもアツアツでいただけるので、グラタン料理にもぴったりのスキレット。

キントーのウォーターカラフェは使いやすさ、洗いやすさ、ともに100点満点の優秀アイテム。

トマトの美味しい季節には、フレッシュなものを使った冷製パスタが嬉しいですね。バジルとの相性抜群で彩りも◎。蒼十草でさわやかな一皿になりました。

08.

MAKANAI MENU
2015.6.19

カツオと夏野菜
梅と大葉と三つ葉とささみのサラダ

旬のカツオを使った定番のたたきにも、
ひと手間加えるだけでこんなにきれいな一品になりました。

- ▶ 蒼十草：ディーププレート、小ボウル
- ▶ 1616Arita/Japan：ラウンドプレート
- ▶ 千段十草：中平椀
- ▶ KOZ glass：ボデガ ガラスカップ

カツオに白ごまと小麦粉をつけてフライパンで焼くだけ。
特製胡麻ドレッシングをかけていただきます。

夏野菜の煮びたしは1616Arita/Japanの
プレートに彩りよく盛りつけて。
蒼十草との和食器コンビは相思相愛。

箸休めは梅と大葉と三つ葉にささみ、ヘルシー＆さっぱりサラダ。ボデガ ガラスカップに盛りつけて、食材の美しさを楽しんで。
大盛りご飯と一緒に……いただきまーす！

022

雨の多い時期、やっと訪れた晴れ間で暑くなった今日は、そうめんパーティ〜！

09. MAKANAI MENU 2015.7.10

そうめんと薬味色々
ゴーヤちゃんぷるー
焼きサバのきのこあんかけ

ガラス食器で涼しげに食卓を飾れば、
暑い夏でももりもり食べられます。

▶ VIVA：ミストボウル L、コバチ
▶ 千段十草：ボウル
▶ 1616 / arita japan：
　スクエアボウル M

バリエーション豊かな薬味を準備して、
味を変えながら楽しみました。

023 / LOVE FOOD vol.1_makanai

サラダにフルーツを入れると一気に鮮やかになりますよね。KOZではグレープフルーツや桃などもサラダに入れますよ〜！

ブロッコリーソテーは少し固めに仕上げてにんにくの香りと歯ごたえを楽しみます。

10.
MAKANAI MENU
2015.9.25

柿とゴルゴンゾーラのサラダ
マカロニグラタン
ブロッコリーソテー

今日のお皿はホワイトで統一。ハンマースホイもマノも同じケーラーの商品なので、相性はバッチリ。いろいろなシリーズのお皿も同色でまとめるとテーブルがゴチャついた印象にならずに済みます。

▶KAHLER：ハンマースホイ サラダボウル、プレート S、M、マノ オーブンウエア L315
▶menu：カッティングボード
▶H.skjalm P.：テーブルランナー

マノのオーブンウエアで作るたっぷりグラタンと、柿の入ったサラダ。グラタンは7〜8人で取り分けるのに丁度いいサイズです。

024

ロッジのスキレットが大活躍！餃子もこんなにキレイに焼けます。鉄のフライパンはやっぱりいいですね。

1616Arita/Japanのスクエアプレートは、こんな風に調理中にも使えます。

ハンマースホイのディーププレートは中華にも相性バツグン！素材の美しさが引き立ちます。

11. 2015.10.27

MAKANAI MENU

餃子
柔らか鶏のサラダ
ピーマンの炒め物
丸ごとチキンスープ

アリタのお皿は餃子作りにも使える万能選手。
スキレットで香ばしく焼き上げれば、
魅惑の焼き目が誘います。

▶LODGE：スキレット
▶KAHLER：ハンマースホイ ディーププレート
▶1616 / arita japan：スクエアプレート M、L

025 / LOVE FOOD　vol.1_makanai

アカシアのプレートは水洗い可能なので食器としても使えます。

いつまでもアツアツでいただける、ダブルウォールのハンマースホイカップにはミネストローネを。

12.
MAKANAI MENU
2015.11.16

照り焼きチキンバーガー
オニオンリング
温野菜
一晩煮込んだミネストローネ

みんな大好き、ハンバーガー。
今日はアカシアのプレートに盛り付けました。
こうやって使うと、食後の片づけも短時間で済みますよ。

▶KAHLER：ハンマースホイ ダブルウォールカップ
▶KOZ glass：ボデガ ガラスカップ
▶H.skjalm P.：プレイスマット
▶acasia：木製プレート スクエア L

フライパンで焼き目を付けたバンズにフレッシュ野菜とジューシーな照り焼きチキンをはさんで……。

026

そば粉クレープをのせたのは、1616Arita/Japan のプラッター。
ケーキをのせるだけでなく、色々なシーンで活用したいアイテム。

make makanai = make happy

01.
OYATSU MENU
2014.1.10

LOVE_FOOD
KOZ
おやつ
OYATSU
VOL.2

お昼を控えめにして、いざおやつタイム！
アリタの器はカラフルで、フルーツの可愛さを
ググッと引き立てます。

▶1616 / arita japan：エスプレッソカップ、
　ティーカップ、プラッター、
　S&B コーヒーカップ、スクエアプレート M

027 / LOVE FOOD *vol.2_oyatsu*

アカシアのプレートは食器と同じように洗えるので、
おやつを直接のせて使っても◎。

02. 🍴 OYATSU MENU
2015.8.16

お盆休み最終日のおやつタイムは、
スコーンとコーヒーをプレートでいただきます。

- ▶**ACACIA**：木製プレート スクエア L
- ▶**KAHLER**：マノ カップ ミニ
- ▶**H.SkjalmP.**：ティータオル（ストライプ）

028

スキャルムのプレイスマットとハンマースホイのホワイトが
大人っぽいのにキュート！

03. OYATSU MENU
2015.10.6

冬の音が聞こえてくる季節には……
りんごとたっぷりカスタードクリームの
型なしタルトで「ホッ」とティータイムを。

▶KAHLER：ハンマースホイ プレート S、M
▶H.skjalm P.：プレイスマット

029 / LOVE FOOD *vol.2_oyatsu*

スティックケーキは可愛いペーパーで
ラッピング。マットとして使ったHAYの
ティータオルやアリタのマグで
ポップな色合わせを楽しんで。

04.
OYATSU MENU
2016.1.25

もうすぐバレンタイン♡試作も兼ねての
KOZ おやつは、食べやすいスティック状にした
チョコレートチーズケーキです。

▶1616/arita japan：マグ
▶acasia：木製プレート　スクエアSS、ラウンドM
▶HAY：ティータオル

LOVE_FOOD
KOZ おかず
OKAZU VOL.3

make makanai = make happy

おかずセレクション

みなさんに好評のKOZおかずの中から
特におすすめしたい10品をご紹介します。

※材料はすべて4人分です。

▶KAHLER：マノ プレート

01. 帆立のカルパッチョ

【材料】
帆立…8個くらい
お好みの野菜（紫玉ねぎ、ブロッコリースプラウト、人参、きゅうり、プチトマト、万能ねぎ）
★ドレッシング（塩…小さじ1/4、レモン…1/6カット、柚子胡椒…小さじ1/4、エキストラバージンオリーブオイル…大さじ2）

【作り方】
紫玉ねぎは薄切り、人参、きゅうりは千切りにして、ブロッコリースプラウトと共に水にさらす。帆立は3等分になるようスライスして皿に並べる（分量外）をふる。ボウルにオイル以外のドレッシングの材料を混ぜ合わせ、エキストラバージンオイルを加えながらさらに混ぜる。帆立の上に野菜を盛り、ドレッシングを全体にかける。

02. ズッキーニと茄子のマリネ

【材料】
ズッキーニ…1本、茄子…1本
★マリネ液（イタリアンパセリ…小さじ1/4、タイム…小さじ1/4、にんにく…1片、塩、胡椒…小さじ1/4、フレンチマスタード…小さじ1/2、白ワインビネガー…大さじ1・1/2、エキストラバージンオリーブオイル 大さじ1・1/2）

【作り方】
茄子とズッキーニは半分に切った後、1cm程度の厚さにスライス。両面に塩、胡椒をふって、予めオリーブオイル（分量外）を回しかけておく。フライパン、もしくはグリルパンで野菜を焼く。ボウルにオイル以外のマリネ液の材料を混ぜ合わせ、エキストラバージンオイルを加えながらさらに混ぜる。バットなどにグリルした野菜を敷き詰め、マリネ液をかけてラップなどを落とす。冷蔵庫で30分以上漬けてからお皿に盛りつける。

▶1616 / arita japan：スクエアプレート M

---

03. 豚バラ肉の厚揚げ巻き

【材料】
厚揚げ…1枚、豚バラ薄切り肉…長いもので8枚　約120g
塩、胡椒…適量、片栗粉…適量、青ねぎ…2本、すり胡麻…適量
サラダ油…少々、豆板醤…小さじ1/2　お好みで、にんにく…1/2片（みじん切りにしておく）★合わせ調味料（酒…大さじ1、みりん…大さじ1、醤油…大さじ1強、砂糖…小さじ1）

【作り方】
厚揚げは2枚にスライスしたあとそれぞれを四等分にして、軽く片栗粉をまぶす。豚バラ肉は半分にカット。縦にひと巻き＆横にひと巻きして厚揚げを包み、塩胡椒で下味をつけておく。フライパンを熱し、肉の巻き終わりを下にして厚揚げを並べる（豚バラ肉から油が出るので、油はひかなくてよい）。ころがしながら焼き、全面に焼き色がついたら一度取り出す。フライパンに残った油分をふき取り、少量のサラダ油をひいて豆板醤とにんにくを弱火で炒める。香りがたってきたら合わせ調味料を加え、厚揚げも戻し入れる。タレを絡めながら煮詰め、ほどよく水分が飛んだところで皿に盛りつけ、青ねぎ（小口切り）、すり胡麻を振りかける。

▶1616/arita japan：スクエアプレート M

---

04. 蒸し鶏のサラダ

【材料】
鶏むね肉…1枚もしくはささみ4本、トマト…1個、きゅうり…1本、レタス…適量、パクチー、白胡麻、青ねぎ…それぞれお好みで、★胡麻だれ（酢…大さじ1、砂糖…大さじ1・1/2、醤油…大さじ2、芝麻醤…大さじ2、スープ（もしくは水でもよい）…小さじ1、豆板醤…お好みで少量、ごま油…小さじ1/2）

【作り方】
胡麻だれの材料をすべて混ぜておく。鶏肉は軽く塩と酒（ともに分量外）を振りかけ、茹でる。粗熱が取れたら手で細かく裂く。きゅうりは4つに切ってからポリ袋などに入れて麺棒でたたき、塩、胡椒、ごま油（すべて分量外）をまぶす。食べやすいサイズにちぎったレタスと、スライスしたトマトを皿に盛り、きゅうりと鶏肉を乗せる。お好みでパクチーや白胡麻、青ねぎなどを添え、胡麻だれをかけていただく。

▶1616 / arita japan：スクエアプレート S、L
▶そばちょこ：うみぶどう

05. アジの南蛮漬け

【材料】
アジ…4尾〈豆アジでもよい〉、新玉ねぎ…1個、人参…1/3本、長ねぎ…1本、片栗粉…適量、あればレモンの薄切り…適量、★南蛮酢（だし汁…150cc、酢…100cc、みりん…50cc、醤油…50cc、砂糖…大さじ1、鷹の爪…適量

【作り方】
南蛮酢は全ての材料を小鍋に入れて、一度沸かして火を止める。新玉ねぎは薄切り、人参は千切りにする。長ねぎは適量な長さに切ったら、薄く油をひいたフライパンで焼き目を付けておく。アジはぜいごを取り、3枚卸しにして、中骨をとる（豆アジの場合はぜいご、えら、内臓を取り除き、きれいに水洗いし、水分を拭き取る）。アジに片栗粉をまぶし、低温〜中温の油で3〜5分揚げる。アジが熱いうちにバットに取り、野菜とレモンの薄切りと共に南蛮酢に漬け込む。粗熱が取れたら冷蔵庫に移し、冷えて味がよく浸み込んでからいただく。

▶千段十草：四角中皿

---

06. サーモンとアボカド、豆腐のオーブン焼き

【材料】
サーモン…140g、豆腐…1丁、アボカド…半分、塩…適量、とろけるチーズ…30g、★調味料（マヨネーズ…大さじ2、味噌…大さじ1、にんにく…すりおろし　ほんの少し（お好みで））

【作り方】
あらかじめ水切りしておいた豆腐、サーモン、アボカドをそれぞれ6〜8当分にスライスする。サーモンに塩をふり、5分ほど置いてからキッチンペーパーで水分をふき取る。調味料の材料をすべて混ぜる。豆腐、サーモン、アボカドの順番にスキレットに敷き詰めるように並べ、軽く塩をふる。全体にまんべんなく調味料を塗り、上からとろけるチーズをのせる。食べる直前にこんがりとした焼き色がつくまでオーブンで焼き、あつあつをいただく。

▶LODGE：スキレット

---

07. 鶏手羽元のさっぱり煮

【材料】
手羽元…12本、ブロッコリー…2/3株、ゆで卵…2個（あらかじめ作って殻を剥いておく）、★煮汁　にんにく（皮をむいて包丁で潰す）…2片、生姜（皮ごとスライス）…1片、鷹の爪　輪切り…1/2本分、だし汁…100cc、醤油…60cc、酢　50cc、酒…50cc、砂糖…大さじ3

【作り方】
ブロッコリーは小房にわけ、塩（分量外）少々を入れたお湯で色よく茹でる。鍋に煮汁の材料をすべて入れ、煮立ったら手羽元を入れる（ひたひたになるよう、水分が少ない場合はだし汁の量を調整する）。アクを取りながら弱火で12分ほど煮る。手羽元に味がしみ込んだところでゆで卵を加えてさらに5分ほど煮る。盛り付ける時にゆで卵を半分にカットし、ブロッコリーで彩りを足す。※酢が入っている料理なので、ホーロもしくはステンレスなど、酢が反応しない鍋を使いましょう！

▶千段十草：ボウル

08. 鶏むね肉とスナップエンドウの塩炒め

【材料】
鶏むね肉…1枚（240g）、スナップエンドウ…160g、その他ブロッコリーやアスパラなど…お好みで、卵…3個、長ねぎ…15cm、生姜…1片、サラダ油…適量、★鶏肉下味用（塩、胡椒…適量、酒…小さじ2）★煮込みスープ（鶏ガラスープ…150cc、酒…大さじ1、紹興酒…大さじ1、塩、胡椒…適量、水溶き片栗粉…大さじ1〜2、ごま油…小さじ1

【作り方】
鶏肉はそぎ切りにし、下味用調味料をもみ込んでから片栗粉（分量外）をまぶしておく。スナップエンドウは筋をとり、ブロッコリーは小房に分けてどちらも固めに仕上がる用にサッと塩茹でしておく。生姜、長ねぎは色紙切り、スナップエンドウは斜めに半分に切る。ボウルに卵を溶きほぐし、塩、胡椒で下味を付けておく。フライパンにサラダ油を熱し、強火で卵を炒める。大きく混ぜながら、半熟の状態で一度取り出しておく。フライパンにサラダ油を熱し、鶏むね肉を焼く。7割程火が通ったら裏返し、空いているところに生姜を加える。生姜の香りがしたら、スープと酒、紹興酒を加える。沸騰したらスナップエンドウ、ブロッコリー、長ねぎを加え、塩、胡椒で味を調える。水溶き片栗粉でとろみをつけ、卵を戻し入れたら軽くほぐし、仕上げにごま油で香りを付ける。

▶千段十草：四角中皿

---

09. 新玉ねぎのまるごとスープ

▶KAHLER：マノ プレート、ボウル

【材料】
新玉ねぎ…4個
ベーコン…4枚
オリーブオイル…小さじ1
ローリエ…1枚
タイム…4〜6本〈なくてもよい〉
ブイヨン…適量
パセリ、ブラックペッパー…適量

【作り方】
玉ねぎは皮をむいて、お尻に十文字に切込みを入れる。ベーコンは細切りにしておく。鍋にオリーブオイルとベーコンを入れ、弱火にかける。じっくり炒め、ベーコンの香りが出たら、玉ねぎをいれ、ブイヨンをひたひたになる程度加える。沸騰したらアクをとり、ローリエ、タイムを加えたら蓋をして弱火で30分程煮る。途中、玉ねぎを上下ひっくり返す。器に盛り、お好みでパセリ、ブラックペッパーをふる。

10. アスパラの肉巻き

【材料】
アスパラ…2束（8〜10本分）、豚バラ薄切り肉…200〜250g、塩、胡椒…適量、薄力粉…適量、黒胡麻…大さじ1〜2、★合わせ調味料（にんにく…1片、生姜…1片、醤油、酒、みりん…大さじ1・1/2、砂糖…小さじ1）

【作り方】
アスパラは、硬い部分は切り落とし、下から1/3〜1/2をピーラーで皮をむいて、ガクを取る。合わせ調味料の材料をすべて混ぜておく。アスパラに豚肉を巻き、軽く塩、胡椒したら、薄く薄力粉をまぶす。フライパンを熱し、巻き終わりを下になるよう入れたら、転がしながら焼く。余分な油を拭き取り、合わせ調味料をいれて煮詰める。最後に黒胡麻を振りかけ、調味料を絡めながら照りよく仕上げる。

▶1616/arita japan：スクエアプレート M

---

11. タラとじゃがいものコロッケ

▶KAHLER：マノ プレート

【材料】
じゃがいも…250g、タラ…2切れ
にんにく（みじん切り）…1片
パセリ（みじん切り）…大さじ1
塩、胡椒…適量、卵（溶きほぐす）…1個
玉ねぎ…1/4個、牛乳…30cc 程度
★フライ用
薄力粉、溶き卵、パン粉〔目の細かいもの〕、揚げ油…適量
タルタルソース（お好みで）…適量

【作り方】
じゃがいもは皮をむいて4〜5cmほどに刻んで茹でる。茹で上がる直前にタラを加えて一緒に茹で、いったんタラだけ取り出して身をほぐす（骨と皮は取り除く）。茹で上がったじゃがいもの水気をしっかり飛ばし、熱いうちにマッシュする。タラ、溶き卵を加え、牛乳で水分を調整しながら木ベラで練り上げる。もったりとしてきたらにんにくとパセリを加え、塩、胡椒で味を調える。バットなどに広げて粗熱を取り、12等分にして丸めていく。フライ用の薄力粉、溶き卵、パン粉を順番にまぶし、170〜180℃の油できつね色に揚げる。お好みでタルタルソースを添えていただく。
※フライ用のパン粉は市販のものをさらにブレンダー等で細かくすると口当たりよく仕上がります。

035 / LOVE FOOD　vol.3_okazu

▶蒼十草：ディーププレート

01. アジととびっこのフェデリーニ

【材料】
アジ…3尾、とびっこ…1瓶、山椒の佃煮…1瓶
フェデリーニ…320g、青ねぎ刻んだもの…こぶし大程度
大葉…5〜6枚程度、にんじん…1/2本程度
きゅうり…1/2本程度、セロリ…1/2本程度
みょうが…5〜6本程度

【ソースの材料】
レモン…1個、醤油大さじ…2〜3、
オリーブオイル…大さじ1〜2

【作り方】
アジは食べやすい大きさにカットし、塩を振っておく。野菜はすべて千切りにして水に晒して水気を切っておく。アジから出た水分をよくふき取り、フライパンで皮目から焼く。皮目に焦げ目がついたら裏返し、身の部分はサッと焼いてバットなどに取り出しておく。フェデリーニは表示時間より1分ほど長めに茹で、冷水でしめて水気を切っておく。大き目のボウル（A）にソースの材料をすべて入れ、よく混ぜてから1/3の量を別のボウル（B）に移す。ボウル（A）にアジとパスタを加えて和える。ボウル（B）にしっかりと水気を切った野菜を入れて和え、香味野菜サラダを作る。器にボウル（A）からパスタを盛り、とびっこと山椒の佃煮を散らす。パスタの上からボウル（B）の香味野菜サラダを盛り付け、最後に青ねぎを散らしていただく。

make makanai = make happy

LOVE_FOOD
KOZ
パスタ
PASTA
VOL.4

02. 鶏ひき肉とアスパラガスのリングイネ

【材料】
鶏ひき肉…200〜240g
アスパラガス…4本
ローズマリー…2本
にんにく…2片
鷹の爪…2本
リングイネ…320g
塩、胡椒…適量
レモンの皮…適量

【作り方】
アスパラは固い部分をピーラーで剥き、ガクを取って食べやすい大きさに斜め切りにしておく。にんにくはみじん切りに。フライパンにオイルを熱し、ひき肉を炒める。肉の色が全体的に変わったら、にんにく、鷹の爪、ローズマリーを加えてさらに炒める。にんにくの香りが立ってきたら、アスパラを加えて炒め、パスタの茹で汁を適量加える。アルデンテに茹で上げたパスタを加え、塩、胡椒で味を調えながら水分を調節する。最後にオリーブオイルを回しかけ、ソースを乳化させてから器に盛る。お好みでレモンの皮の千切りを散らしていただく。

▶KAHLER：ウワスラ ディーププレート

03. 桜エビとキャベツのクリーム

【材料】
桜エビ…100 g
キャベツ（大）…1/4
白ワイン…50cc
生クリーム…100cc
牛乳…50cc
塩、ブラックペッパー…2つまみ
パルミジャーノ…お好きなだけ
フェトチーネパスタ…400 g

【作り方】
フライパンにバターを熱し、桜エビと一口大にちぎったキャベツを炒める。白ワインを少量入れ、軽くアルコールを飛ばしてから生クリームと牛乳を加えてサッと煮詰める。塩、胡椒で味を調えたら、茹で上げたパスタを加える。しっかりとソースを絡めて皿に盛り、お好みでチーズを振りかけていただく。

▶1616/arita japan：スクエアボウル M

▶KAHLER：ウワスラ ディーププレート

04. 帆立とちぢみほうれん草のトマトクリーム

【材料】
帆立…8個くらい
ちぢみほうれん草…1/2パック
にんにく…1/2片
バター…15g
オリーブオイル…大さじ1
フェットチーネ…350g
ダイスカット…トマト缶1缶
生クリーム…200cc
パルミジャーノレッジャーノ…適量
白ワイン…大さじ1
塩…適量
胡椒…適量

【作り方】
にんにくは薄切りに、帆立は1/4カットに。ほうれん草は食べやすいサイズにカットする。フライパンにバターとオイルを入れてにんにくを炒める。香りが立ったら帆立と白ワインを加えてサッと炒める。全体に油が回ったら、すぐにほうれん草を加えて炒め合わせ、さらにトマト缶を加えて軽く煮込む。生クリームを加えて適度に煮詰まったところで固めに茹でたパスタと和える。皿に盛ってからお好みでチーズを振りかけていただく。

KOZ STYLE 1:
手軽に楽しめる
KOZ流デンマーク料理

make makanai = make happy

「アカネちゃん、デンマーク料理作ってよ♪」
そんな一言でパパッと作れちゃう、
KOZ流デンマーク料理をアカネちゃんレシピでご紹介。

LOVE_FOOD
KOZ
FOOD
FOOD VOL.5

オープンサンド　SMØRREBRØD

外で食べればキレイに盛り付けしてありますが、家庭ではポレッグ【pålæg】と呼ばれるいわゆる具材をテーブルの真ん中に広げ、自分で好きなものをのせてナイフとフォークで頂きます。

リンゴケーキ　ÆBLEKAGE

りんごとクッキーと生クリームを重ねたシンプルなデザート。本当はクッキーではなく、ラスプ【rasp】と呼ばれるパン粉の様なものを使うのがオールドスタイル。盛り付けはガラスの器で層を楽しむのがKOZのオススメです。

フリカデラ　FRIKADELLER

「人口の3倍豚がいる」と言われるデンマークならではの一品。豚肉だけで作ったハンバーグはタネがとてもやわらかいのでスプーンで丸めながら焼きます。フライパンで表面だけ焼いたらオーブンへ入れてしっかり火を通します。

KOZ STYLE 2:
ウワスラで憧れの朝食

シャキっと早起きできたウィークデイも。
ゆっくりベッドを降りた週末も。
一日の気分を左右する朝食に、
ウワスラのアイテムはいかがでしょうか？

KOZ STYLE 3：
スープであったまりたい

スープは無限。スープは奥深い。和・中・韓・アジアン・洋……
スープの世界はどこまでも。栄養も取れてダイエットにも絶大な効果があり、
KOZ のメンバーはもれなくスープ好きなんです。

フランスの田舎風 チキンスープ（クリア）

鶏肉とお好みのたっぷり野菜をチキンストックとマスタードで煮込んだスープ。味付けはシンプルなのに、不思議とおかわりしたくなる、フランスの田舎風スープです。KOZ ではドラム（鶏の手羽元）を使って作るのが定番。骨からダシが出て美味しいですよ。

ミネストローネ（トマト）

ニンニクの香りを移したオイルで玉ねぎとベーコンを炒めたら、お好みの野菜をたっぷり投入。トマト缶とお水で煮込んだあと、塩コショウだけでシンプルに味付けします。最後にオリーブオイルを加えると味が深まります。

ハーブ ポタージュ（クリーム）

デンマークで出会ったチャービルのクリーミースープの美味しさに感動して作ってみた一品。ベーコンやお好みの野菜を小さく切って炒め、火が通ったところでたっぷりの水とチャービルを加えます。沸騰する前にミルクとクリームを加え、野菜がくたくたになったらブレンダーでポタージュ。

LOVE LIFE
—

「やらなきゃいけない事を楽しく」
そんなモットーを大切に、一日一日を過ごすようにしています。
仕事や家事、育児に追われる毎日でも、ふとした瞬間に心が休まるような
「きっかけ」を持てれば、すべてを楽しめるようになるかもしれませんよね。
KOZでは、そんなちょっとしたきっかけとして、
季節ごとのディスプレイにこだわっています。
わくわくするような小物や、四季折々のお花を飾って、
愛しい毎日を過ごしてみませんか？

043 / LOVE LIFE　vol.1_seasonal display

vol.1
SEASONAL DISPLAY
—

KOZのお花を全部お願いしている、
花屋のLucca店長のユウタさん。
今回はユウタさんにお花のことを教えてもらいながら、
KOZのアイテムと合わせたコーディネートを組み立てていきました。
すべてのカットを定点撮影し、
幅80cmのスペースを使って楽しむ12ヵ月をご紹介します。
みなさんのおうちのちょっとしたスペースを連想しながら
楽しんでいただければ嬉しいです。

ユウタさんのお店は
P.74をCheck！

1
JANUARY

▶ **KAHLER**
　オマジオ フラワーベースS、M(アニバーサリー)
▶ **Paper Collective**
　ポスター50×70 セル2(ホワイト)
▶ **Kortkartellet**
　フレーム50×70 オーク

サイズのバリエーションも多く、キュッとすぼまった口が慣れない人にも扱いやすいオマジオ。中でもアニバーサリーのゴールドカラーは日本のお正月にぴったりです。今回は、高さを出したブーケをMサイズに、ウィンターベリーを単体でSサイズに活けて、セットで楽しめるようにしました。もちろん、それぞれを単体で飾っても素敵。お花を活けることに慣れないうちは、お花屋さんにある季節のアレンジブーケをスポッとそのまま活けてみてください。お花屋さんで見た印象よりもぐっと華やかな雰囲気になることに気付くと思います。

▶葉ボタン
▶柳(着色・ゴールド)
▶柳
▶ウィンターベリー

045 / **LOVE LIFE** *vol.1_seasonal display*

2
FEBRUARY

▶ **KAHLER**

アーバニア キャンドルホルダー
アヴェント オブジェS(ホワイト、グレー)、
オブジェL(グレー)

▶ **HAY**

Box Box デスクトップ

▶ **ACACIA**

木製プレート ラウンドM(グレー)

長い冬を越えて、そろそろ春を待ちわびる時期。バレンタインでにぎわう街には特別なスイーツが並び、ゆっくりおうちで過ごしたい週末が増えるかもしれません。時にはお気に入りのアイテムを並べて、ゆっくりとキャンドルナイトを楽しんでみてはいかがでしょうか？北欧の白いお家「アーバニア」にキャンドルを灯せば、窓の灯りがほっこりさせてくれます。お日様の光が降りそそぐ昼間には、そのまま飾って北欧の明るい街並みを楽しみましょう。Box Boxで高さを出して、アヴェントでツリーを模せば、あなただけの小さな町が静かな時を刻みます。

047 / **LOVE LIFE**   *vol.1_seasonal display*

3
MARCH

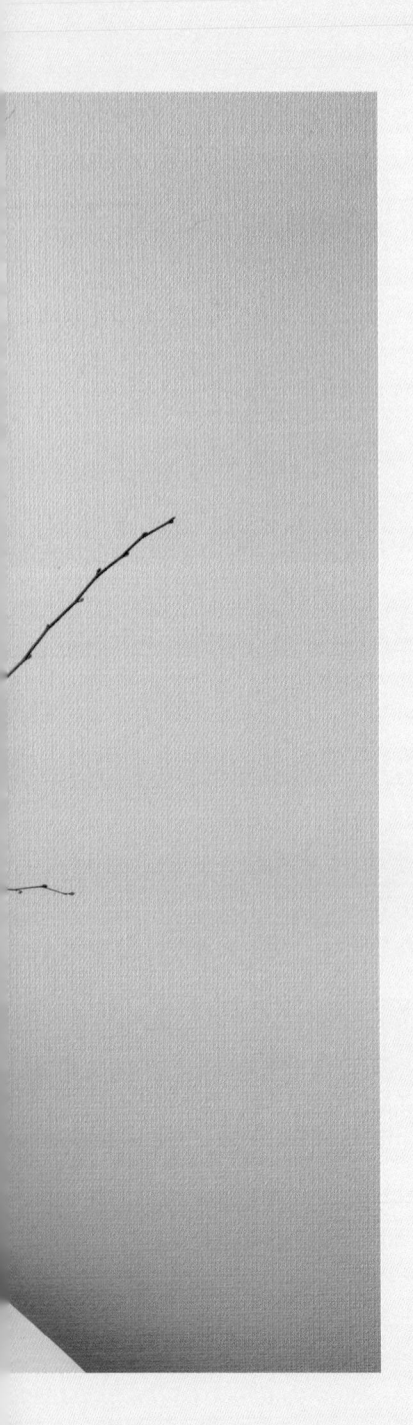

▶ **KAHLER**
ハンマースホイ フラワーベースS、L(ローズ)
ハンマースホイ キャンドルスタンドS(ローズ)

▶ **Kortkartellet**
ポスター40×55　コペンハーゲン(グレー)
フレーム40×55(コッパー)

ハンマースホイのフラワーベースは、北欧らしいデザイン性の中にもどこか日本的な落ち着きを含んでいます。ケーラーのベースの中でも、特に日本の花、インテリアとマッチするアイテム。Lサイズに活けた枝ものの姫水木は新芽のものを選びました。花もちがよく、長い時間楽しめる枝ものだからこそ、見た目にも変化があるとよりいっそう愛着が沸きますよね。つぼみがふくらみ、花が咲くまで一ヶ月を超えて様々な姿を楽しめます。ラナンキュラスはとっても人気のあるお花。この季節はお花屋さんに数種類のカラーバリエーションで並びます。ハンマースホイの落ち着いたカラーリングなら、思いっきり愛らしいピンクやホワイトを選んでも大人っぽく仕上がりますよ。

▶ 姫水木
▶ ラナンキュラス

049 / LOVE LIFE *vol.1_seasonal display*

4

APRIL

▶ **KAHLER**
オマジオ フラワーベースM(ローズ)
ベリーノ(ローズ)

▶ **HAY**
ウッデンハンドM
Box Box デスクトップ
シザー(ブラス)
ツイステット

▶ **Kortkartellet**
ポスターA5 Å

オマジオの魅力のひとつに、豊富なカラーバリエーションがあります。窓からの光も柔らかくなり、すっかりお花見陽気の4月。満開の桜や、野に咲く花々を楽しむのも良いけれど、室内にも春らしいピンクカラーのオマジオを飾ってみてください。人気のお花のひとつであるチューリップは年末から4月にかけてがハイシーズン。様々な彩りでお花屋さんに並びます。今回のように、ベースのカラーリングと同色のお花を選んでも可愛いのですが、対抗色でコントラストを楽しんだり、数色をミックスしてお部屋のアクセントにしたりと色々な楽しみ方が出来ますよ。口の広いMサイズにはたくさんの花をギュッと詰めて、贅沢なディスプレイにするのもオススメ。

▶ チューリップ

051 / **LOVE LIFE** *vol.1_seasonal display*

5
MAY

▶ **KAHLER**
 ボタニカ フラワーポット（ブルーグリーン）
 オラ テーブルクロック（ホワイト）

▶ **HAY**
 カレイド XS（グレー）、S（イエロー）
 アウトラインクリップ

ボタニカのように口が広く、ベースの内部にもしっかりと容積のあるものには、ポット苗がオススメです。お花屋さんに並んでいるものを買ってきたら、そのままスポッとベースに入れてしまうだけでOK！グリーンのボタニカは市販の2.5号ポット2つがちょうど入るくらいのサイズで便利です。水やり後は、鉢底にお水が貯まるのを嫌います。余分なお水は細菌繁殖の原因にもなりますのでしっかり捨ててくださいね。プリムラは葉ぶりが良く、みっしりと生えそろう姿が可愛いお花です。小さなお野菜のような葉の時期には、ボタニカのグリーンで新緑を楽しんで。オラのホワイトクロックと、カレイドのイエローを組み合わせて、爽やかに過ごしましょう。

▶ プリムラ（ウィンティ）

053 / **LOVE LIFE** *vol.1_seasonal display*

054

JUNE

▶ **KAHLER**
オマジオ フラワーベースS、M(シルバー)

▶ **HAY**
カレイド S(ミント)

▶ **Paper Collective**
ポスター50×70 ホエールリプライズ

オマジオの中でもクールな印象が強いシルバー。爽やかなカラーのカレイドと組み合わせて、梅雨も涼やかに乗り越えましょう。この時期の楽しみといえば、アジサイの花。色とりどりのあじさいが並んでいるだけで、見とれてしまいますよね。身近な存在のお花でもあるため、お庭で育てている方も多いのではないでしょうか？アジサイの水あげは少し工夫が必要で、焼きあげという方法を使います。ベースに合わせてカットした枝先を少しくりぬいてから、切り口を火で炙ります。花が火で傷まないように横倒しにして作業したり、お花の部分を新聞紙でくるんだりとコツがいりますが、やるのとやらないのとでは花もちに大きな差がでます。おおぶりなアジサイと干渉し合わないように、壁面にはシンプルなポスターを合わせました。ペーパーコレクティブのホエールと、いよいよ始まる夏の計画を立てましょう。

▶ アジサイ

7

JULY

▶ **KAHLER**
オマジオ フラワーベースミニ3個セット(ブラック)

▶ **menu**
POV キャンドルホルダー(ブラック)

▶ **HAY**
カレイドS(ミント)、L(ブルー)
ビッツ&ボブスS(クリア)、L(グレー)

▶ **architectmade**
バード

▶ **sodahl**
ルームシェルフ3段棚(ブラック)

MenuのPOVは常に人気のあるもののひとつ。特にブラックは白壁とのコントラストがはっきりするため、2つ3つとお持ちの方も多いのではないでしょうか?ディナータイムにキャンドルを灯して楽しむのも素敵ですし、窓辺の壁面に配置して、時間とともに移り変わる影を眺めるのも楽しい一品です。ミニサイズのオマジオや、バードなど、細かいものを無造作に並べるディスプレイも、カレイドや棚を使えばまとまりある印象に。

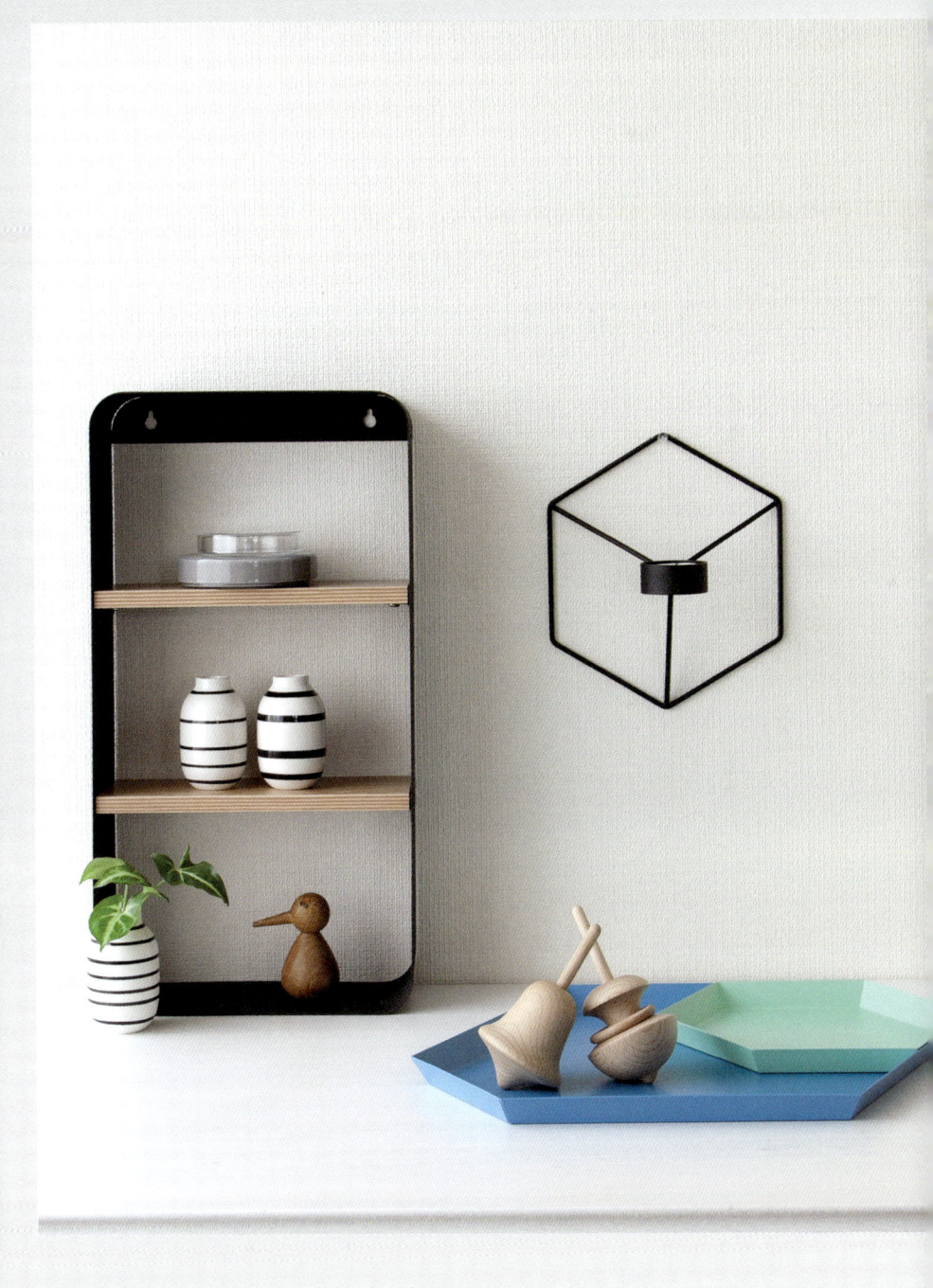

057 / **LOVE LIFE** *vol.1_seasonal display*

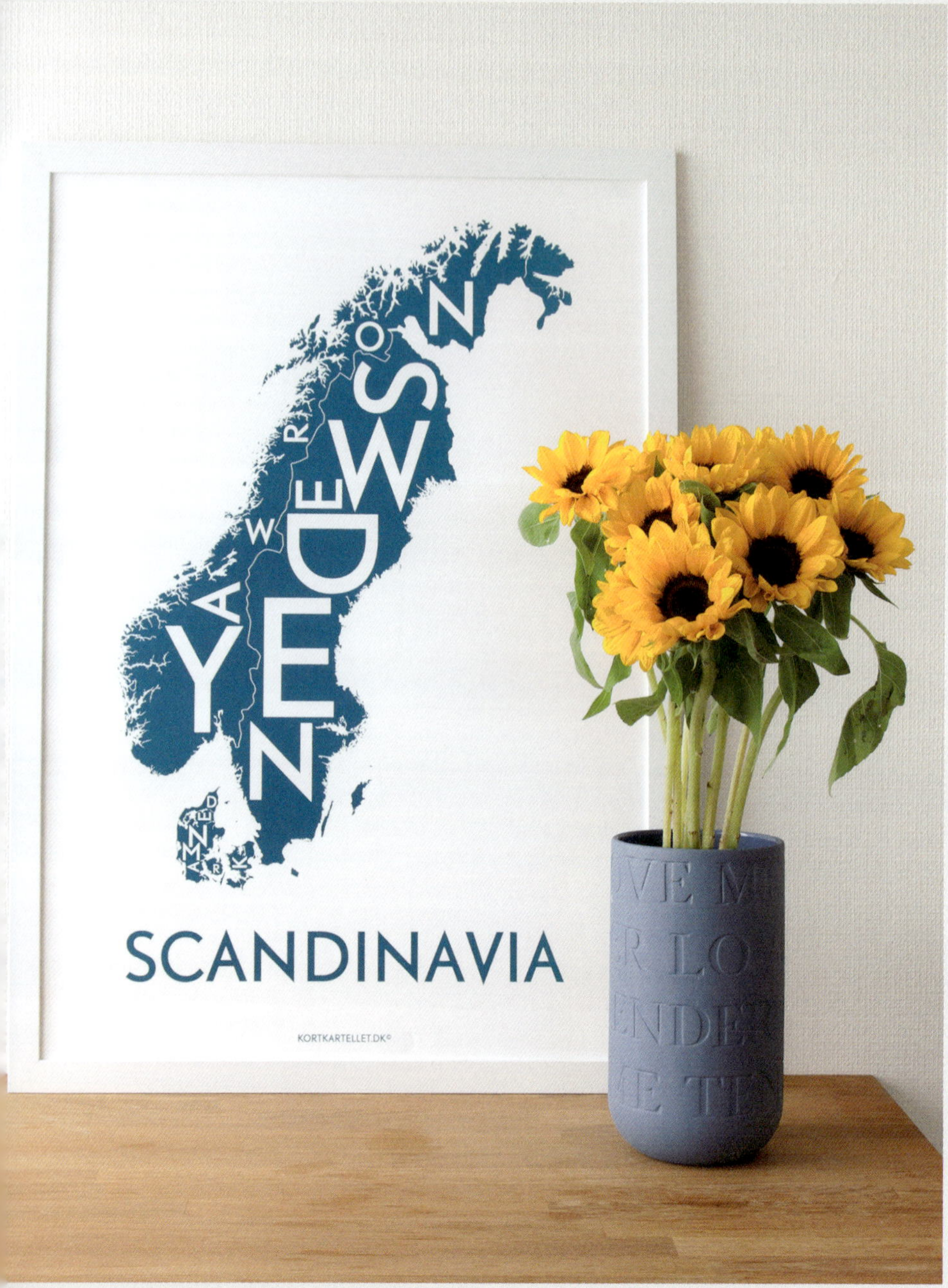
NORWAY
SWEDEN
SCANDINAVIA
KORTKARTELLET.DK©

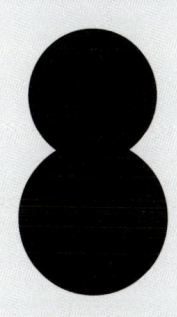

059 / LOVE LIFE　vol.1_seasonal display

AUGUST

▶ **KAHLER**
ラブソング フラワーベースM（インディゴ）

▶ **Kortkartellet**
ポスター50×70 スカンジナビア（ペトロール）

真夏の風物詩、ヒマワリ。元気いっぱいの大輪は、一輪だけでも十分な存在感がありますよね。今回は手のひらサイズの中輪ヒマワリを束ねて活けました。背の高いお花と相性の良いラブソングは、涼しげなブルーを選んで、ポスターのブルーとグラデーションに。冬のイメージが強いスカンジナビアのポスターも、カラー次第で一年中楽しめます。人気の高いヒマワリは、最近では一年中手に入るお花になりました。活け始めは水を吸い上げる働きをする葉っぱを多めに残してボリュームを出し、枯れた葉をこまめに取りながら飾りましょう。花の高さやボリュームに合わせて花器を変えていっても良いですね。口の広いラブソングは、活けるのにすこしコツがいる形です。高さのあるお花を立てかけるようにして飾ってもよいですが、花留めをして好きな角度を探すのも、楽しいひととき。

▶ ヒマワリ

9
SEPTEMBER

▶**KAHLER**
　ラブソング フラワーベースM（サンド）
▶**HAY**
　ビッツ＆ボブスM（ベージュ）、L（グレー）
　LUP キャンドルスタンド（コッパー）

秋には、ドライフラワーを取り入れたディスプレイはいかがでしょう？合わせるディスプレイもお月見の夜をイメージした落ち着きのあるトーンで統一。HAY の LUP はブラスを選んで月の光を表現してみました。パンパスグラスは夏頃に手に入れて、ドライにしておいたもの。十分な高さのある穂先をたっぷり活けて、群生するススキを思わせるようなシルエットを出しました。ていねいにドライにしたパンパスグラスは、2〜3年ものあいだ飾り続けることができます。上品なベージュカラーは一年を通して様々なカラーリングのお花とも相性◎。切り花とドライフラワーを一緒のベースに活けることは出来ませんが、並べて飾るだけでも組み合わせを楽しめますよ。ラブソングは口の広さが難しいベースでもありますが、これだけのボリュームを預けられる頼もしい一品でもあります。大量に束ねても、軽いのがドライフラワーの魅力。ベースに砂を注ぐなどして安定させることで、フロアディスプレイとしても活躍します。

▶パンパスグラス（ドライ）

061 / **LOVE LIFE**   *vol.1_seasonal display*

10
OCTOBER

▶ KAHLER
コーノ キャンドルスタンド(ブルー、ペトロール)
コーノ リーフディッシュ メープル(ペトロール)
ボタニカ フラワーベースミニチュア3個セット(ダーク)
アーバニア ミニ(ファンクショ)
ステラ

▶ sodahl
ルームシェルフ3段棚(ホワイト)

▶ Kortkartellet
ポスターA5 Ø

ハロウィンの時期になると、様々なサイズでお花屋さんを盛り上げる、おもちゃカボチャ。可愛らしい見た目はもちろん、頼もしい耐久性にも注目したいところ。傷が付いたりしない限り、長期的に使い続けられます。ハロウィンディスプレイでは、どことなくフォルムが似ているステラとの組み合わせが面白いですね。松笠(松ぼっくり)やコーノのシリーズ、ボタニカのアイテムなど、全体的に「木の実」を思わせるテイストでまとめると一体感が出ます。

▶ おもちゃカボチャ
▶ 松笠(松ぼっくり)

063 / LOVE LIFE *vol.1_seasonal display*

# 11
NOVEMBER

▶ KAHLER
アヴェント オブジェ S、M、L（ホワイト、グレー）
コーノ リーフディッシュ オーク（ライトグレー）

11月に入ると花屋に並び始めるモミの枝。枝ものの中では最も浸透している種類のひとつではないでしょうか。同じように、白樺も装飾用としてお花屋さんで取り扱いがあります。枝ものの特徴として、ひとつひとつの表情が全く違う、ということがあげられます。ディスプレイしたい場所や、どんなものと一緒に飾りたいのかをイメージしながらていねいに選ぶことが、思い通りの空間をつくる大きなポイントになるでしょう。アヴェントのグラデーションと組み合わせたディスプレイは、これからやってくる冬の針葉樹林をイメージした静かで落ち着いたイメージ。北欧の自然から生まれたケーラーのアイテムと、すーっと真っ直ぐ伸びたシラカバを中心に、モミの深いグリーンをポイントとして配置しました。

▶ 白樺
▶ モミ（オレゴンモミ）
▶ 松笠（松ぼっくり）

065 / **LOVE LIFE** *vol.1_seasonal display*

12
DECEMBER

▶ **KAHLER**
ボタニカ フラワーポット(グレーグリーン)
ノビリ キャンドルホルダーS、M、L

▶ **ACACIA**
木製プレート スクエアSS(ホワイト)、ラウンドM(グレー)

▶ **Paper Collective**
ポスター50×70 パインコーン(ホワイト)

▶ **Kortkartellet**
フレーム50×70 オーク

KOZの定番ベースの中でも独特のフォルムが魅力のボタニカ。コニファーの鉢植えを中心に、松笠(松ぼっくり)と姫りんごを詰め込んで、小さなクリスマスツリーをイメージしました。ノビリのとんがった形を生かした森のような配置で、ディスプレイに奥行きを与えています。この時期には姫りんごも手に入れやすく、松笠(松ぼっくり)は気に入った形、色味のものを拾ってくれば贅沢に使えますね。拾ってきたものを使う時は、ビニール袋などに入れて30秒ほどレンジでチンするのがポイント。完全に乾燥させると同時に殺虫処理の意味もあります。空間全体のまとめ役にもなっているポスターは、印象的なのにしつこくならないシンプルなデザイン。ほんわかしたクリスマスを演出するディスプレイです。

▶コニファー　▶松笠(松ぼっくり)　▶姫りんご

067 / **LOVE LIFE** *vol.1_seasonal display*

vol.2
KOZ FLOWER LESSON
―

お気に入りのフラワーベースに、
もっと素敵にお花を飾りたい──。
そんな想いが実現して、
KOZ フラワーレッスンが行われました！

069 / **LOVE LIFE**   *vol.2_Koz Flower Lesson*

レッスンはKOZの事務所にて。このためにユウタ先生が用意してくれた花は事務所を埋め尽くすほど！
たくさんの花たちに一同、ワクワク。

Lesson_1 KOZ FLOWER LESSON

お花のための大事なこと

今回は、気軽に買えて、サッと活けるだけでもキレイな切り花について教えてもらいます。切り花は、お花初心者にとって取り入れやすいもの。そんな切り花をなるべく長く楽しめるように、大切なお水の話をしてもらいました。

水あげ

花の命である、水を吸い上げやすくしてあげること。それが「水あげ」です。水あげは花の種類によって、それぞれ適した方法があるのだそう。代表的な3つの方法と、ポイントを教えてもらいました。

1. **枝もの(桜、梅、桃、ドウダンツツジなど)**
   ななめにカットし、さらに中央を割るようにカット！水に触れる面が大きくなって水の吸い上げが良くなります
2. **茎の中が詰まった花(バラ、トルコギキョウ、ひまわりなど)**
   ななめにカット
3. **茎の中が空洞の花(ガーベラ、ダリアなど)**
   ななめ、または真っ直ぐにカット。空洞のものはヌルヌルになりやすいので、水は花器の底から5〜10cmの量でOKです

1. 枝もの

2. 茎の中が詰まった花

3. 茎の中が空洞の花

ポイント

○ **清潔にする**：道具や花器は使う度に洗いましょう。バクテリアや雑菌の繁殖を防ぎます。
○ **カットは専用のもので**：切り口をなるべく潰さずにカットするために、専用のはさみや切れ味の良いナイフを用意しましょう。
○ **余分な葉や小さい蕾は取る**：効果的に栄養を行き渡らせるために、余分な葉や蕾は取ってしまいましょう。花器に入る部分のものも取ります。
○ **花も洗います**：水換えの度に花器だけでなく花も洗いましょう。ヌルヌルを洗い流し、雑菌繁殖を防ぎます。変色していたらカットしてください。

▶ 清潔にする
▶ カットは専用のもので
▶ 余分な葉や小さい蕾は取る
▶ 花も洗います

071 / LOVE LIFE　vol.2_Koz Flower Lesson

Lesson_2　KOZ FLOWER LESSON

お花の選び方

1番楽しいけど、1番難しいお花選び。「正解がないからね」とユウタ先生。好きな花を選べばいい、と言われてもなかなかセンスよくまとめられません。そんな時のために、自宅用にお花を選ぶ時のポイントを教えてもらいました。

花選び

❶.「3」という数字を意識する

色の付いたもの、華やかな顔のものは3つまで（グリーンは除く）。主役、脇役、エキストラと決めると選びやすいです！

脇役　主役！　エキストラ

❷.質感を大事にする

柔らかい、硬め、フワフワなど。
違う質感で組み合わせると深みが出ます。

柔らかい　　　硬い　　　　　フワフワ
シャクヤクなど　木ギボウシなど　スモークツリーなど

★お花屋さんで花を取る時

お店によっては、花をバケツや花器に入れてディスプレイしているところがあります。特に注意書きなどがない場合、手に取れるものは自分で取ってOK。イラストを参考に、好みのお花を選び取ってみてください。※大きいものや、手の届かないところにある場合は無理をせずにお店の方に声をかけましょう。

1. 全部取る　2. 下に向ける　3. 他に花を傷つけないように取る

Lesson_3 KOZ FLOWER LESSON

アレンジメント！

忙しい毎日に、小さなフラワーアレンジひとつを足すだけでも心に余裕が生まれますよね。キッチンやオフィスのデスクなど、ついつい険しい表情になってしまいがちな場所にこそ、とっておきのお花を飾ってみてはいかがでしょうか？

それぞれ好きなフラワーベースを選び、それに合うお花を活けてアレンジメント！

1.
扱いやすい花の身長はベースの高さの2倍〜2.5倍まで。水あげでカットする時に意識してみてください。「まずは長めにカットしてみて。お花の一番良い時はお店で買ってから2〜3日後なので、水換えのたびにカットして、ちょうどその頃にいい身長になるように意識すると良いでしょう」とユウタさん。

2.
ラブソングなど、寸胴型のベースは口が広く、思ったように花の位置が決まらないことがあります。そんな時は「花留め」を！アレンジする時に出た余分な枝やセロテープ、アルミなどを使って、ベースの余白を埋めて固定させるのです。

3.
出来上がったアレンジを、ユウタ先生に見てもらいながら微修正していきます。なかなかイメージ通りにできないでいたものを、上手く表現できるように手伝ってもらったリアドバイスしてもらいました。

ユウタ先生にリクエストした、ラブソングを使ったアレンジ。

最後はそれぞれの作品を飾って、みんなで感想を言い合いながらゆっくりとアレンジ鑑賞。

073 / LOVE LIFE vol.2_Koz Flower Lesson

みわこ店長 × オマジオ M（ライトブルー） 涼し気なブルーのアジサイとオマジオのカラーを合わせて爽やかなコーディネート！空間に合わせてグリーンでバランスを取ることで、ベースひとつでも豪華な印象に。

エリカ嬢 × ボタニカシリーズ 他にはない優しい色合いのボタニカシリーズ。柔らかいカラーリングの草花を合わせて温かみのある空間を演出。

アカネちゃん × オマジオ S（ローズ）、ラブソング S（カーキホワイト） 気に入ったカラーリングのガーベラに合わせてオマジオをチョイス。同じように大好きなひまわりをシンプルに活けたくて、ラブソングを選びました。お花ありきでベースを選ぶのもインテリアを楽しむ秘訣かも？

ユザワ × ポトライト、ウワスラ ジャグ M（ホワイト） クールな印象のポトライトにはトルコギキョウを。独特なフォルムが特徴のウワスラジャグには濃淡の美しいガーベラを。本来は花器ではないものでもフラワーベースとして使うことで、ググッと可能性が広がります。

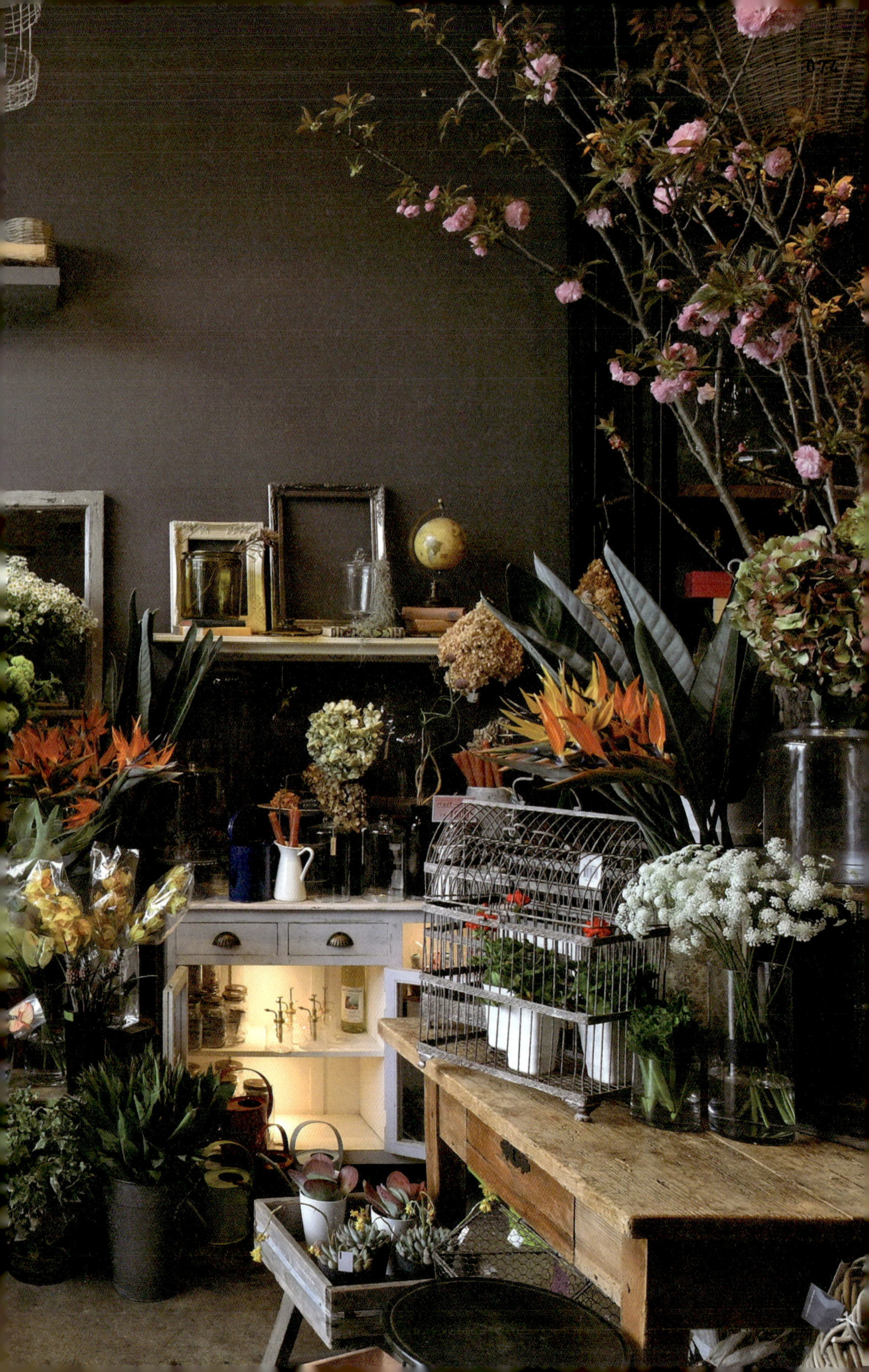

075 / LOVE LIFE vol.2 Rie's Flower Lesson

flower & green Lucca

住所／〒 251-0041
神奈川県 藤沢市辻堂神台 2-2-46
TEL／0466-90-4922
FAX／0466-90-4923
e-mail／info@lucca87.com
営業時間／10:00〜19:00
定休日／毎週木曜
HP／http://www.lucca87.com/?page_id=286

SOMEONE'S KOZLIFE

———

ネットショップKOZLIFEの、大切にしたい考え方。
「自分らしく、等身大に」
北欧雑貨と家具のお店が、HPでたくさんのまかないレシピを
紹介しているように。北欧雑貨を取り入れたインテリアスタイルにも、
そこで過ごす人によって無限のバリエーションがあります。
そこで、今回は【北欧雑貨＋自分らしさ＝KOZLIFE】
という新しい考え方を提案し、
いろんな人の【KOZLIFE】を見せてもらう旅に出ました。

077 / LOVE LIFE　Someone's Kozlife

01 ホワイトベースの静謐な空間作り
HIYORI'S KOZLIFE —— 078

02 美味しいものを美味しく食べられる幸せ
AYA'S KOZLIFE —— 082

03 大好きなデンマークレッドと暮らす
AKANE'S KOZLIFE —— 085

04 工夫を楽しむファミリーインテリア
SUYAMA'S KOZLIFE —— 090

05 "家族"と"みんな"が全員うれしい
KOSHIBA'S KOZLIFE —— 096

01

ホワイトベースの静謐な空間作り
HIYORI'S KOZLIFE

長年続けているインテリアブログが大人気のひよりさん。KOZでは「HAY」や「muuto」などのアイテムを購入されることが多いそうです。「単純なシンプル思考とは違いますが、好きなものを好きな見え方でスッキリ飾ることを心掛けています」という言葉通り、家中が「好き」で溢れています。アイテムに対する思い入れが、部屋を雑多な印象にさせない工夫に繋がっているところは、どんなテイストにもマッチする姿勢。そんなひよりさんの"KOZLIFE"をご紹介します。

check!!
ひよりさんのブログ
「ひよりごと（http://plaza.rakuten.co.jp/hiyorigoto/）」

▶ Paper Collective

ポスター
パインコーン（ホワイト）

リビングのアイコン的存在だという、松ぼっくりポスター。「Paper Collective のポスターはシンプルなデザインはもちろん、紙質も素敵でついつい集めてしまうもののひとつなんです」と、ひよりさん。お部屋のインテリアを考えるときは、しっかり壁面まで気を配ることで統一感にグンと差がでます。

079 / LOVE LIFE　Someone's Kozlife

MAIN LIVING

家中でいちばんのお気に入り空間だというリビング。
「空間に合わせて作ってもらった真っ白な棚は、
シーズンごとのディスプレイをする
楽しみを教えてくれました」。
撮影時は、ちょうどクリスマス直前だったため、
ゴールドや深いグリーンを使って
ワクワクするようなディスプレイでしたが、
通常時はP78のような
スッキリとした雰囲気。

KITCHEN

「このキッチンに一目惚れしたことから、私のインテリア人生は始まりました」著書でもそう語るほど、何年経っても飽きることがないというアイランドキッチン。フルオーダーでは予算を超えてしまい、諦めなければならないところでしたが、展示品をそのままということで安く譲ってもらえたのだとか。
「一目惚れしたキッチンそのものが家にあるなんて……、今でもとっても幸せです」
笑顔で語るひよりさんは、恋する乙女そのもの。

▶HAY
Gym ハンガーフック

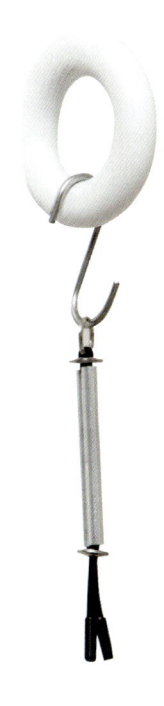

壁に設置するためのフックを、強粘着テープでタイルにペタ。「フックとしての実用性には少し不安がある設置方法ですが、3つ並べたこのフックが壁からニョキニョキ出てきたようですごく可愛いと思うんです。タイルのホワイトと微妙に違うカラーや、素材のコントラストを楽しんでいます」キッチンのお話をしながら、テキパキとお茶を淹れてくれたひよりさん。お茶菓子を添えたカップ＆ソーサーにもひよりさんらしさを感じて、思わず食器談議にも花を咲かせてしまったのでした。

02

美味しいものを美味しく食べられる幸せ
AYA'S KOZLIFE

フードコンシェルジュ
山本 彩 AYA YAMAMOTO

料理上手のお母様の影響で、幼少のころから自然と料理に興味をもっていたというあやさんは、KOZまかないでお世話になっています。お料理教室や各種ケータリング、レシピ作成に飲食店のアドバイザーまで幅広く活躍しています。

check!! あやさんのHP「Kitchen A（http://edlc.info）」

083 / LOVE LIFE Someone's Kozlife

フードコンシェルジュのあやさんのお家に入って、まず目に入ってくるのは贅沢なタイル貼りのアイランドカウンター。「主人の友人がインテリア関係のお仕事をしていて。内覧会から何から同行してもらったうえに、こんなに素敵なカウンターも作ってくれたんです」と、とびきりの笑顔で話すあやさんは本当に幸せそう。そんなママの声を聴きながら、スツールでおすましているのは、エキゾチックショートヘアのアルちゃん。人にも動物にも優しい、スッキリと整頓されたインテリアをご紹介します。

POINT_1 カウンター裏には ワインセラー

お客様から見えない位置にはたくさんの収納スペースがありました。サイドに備えつけられたワインセラーには、数本のワインとワイングラスが。「お料理を提供する同線上にセラーがあることで、ベストなタイミングで取り出すことができます」

POINT_2 ケーラーの ディスプレイ

ディスプレイスペースとしても、存在感を発揮するカウンター。ケーラーのアーバニアやコーノシリーズをコーディネートしています。「トーンを揃えることで、いろいろと飾ってあっても大人っぽくまとまるかな、と思って」すっかりリラックスしたアルちゃんを囲んで、そんな話を伺っているとあやさんのハッピーな日常を疑似体験できるような気がしました。

085 / LOVE LIFE　Someone's Kozlife

03

大好きなデンマークレッドと暮らす

AKANE'S KOZLIFE

元気いっぱいに迎え入れられたのは、高い位置にある窓からの光がたっぷりと降り注ぐ明るい空間。ラグや小物に真っ赤なアイテムを使い、全体的に明るい印象なのに、幼さはまるでありません。「私、北欧っていうかデンマークが大好きなんです!」笑顔で話すアカネちゃんが暮らす家は、大人の遊び心でいっぱいでした。

POINT_1 隠れ家みたいな空間で遊ぶ

メゾネットタイプの部屋には、階段下を有効活用できる収納スペースがあります。「友人や後輩を招待することも多いので、一階にはあまり物を置かないようにしているんです。収納スペースをディスプレイ空間にしたことで、好きなものを感じながら部屋を広く使うことができています」とアカネちゃん。あっという間に作ってくれた自家製塩レモンのクリームパスタ（絶品です!!）を食べながら、すっかり長居してしまいました。

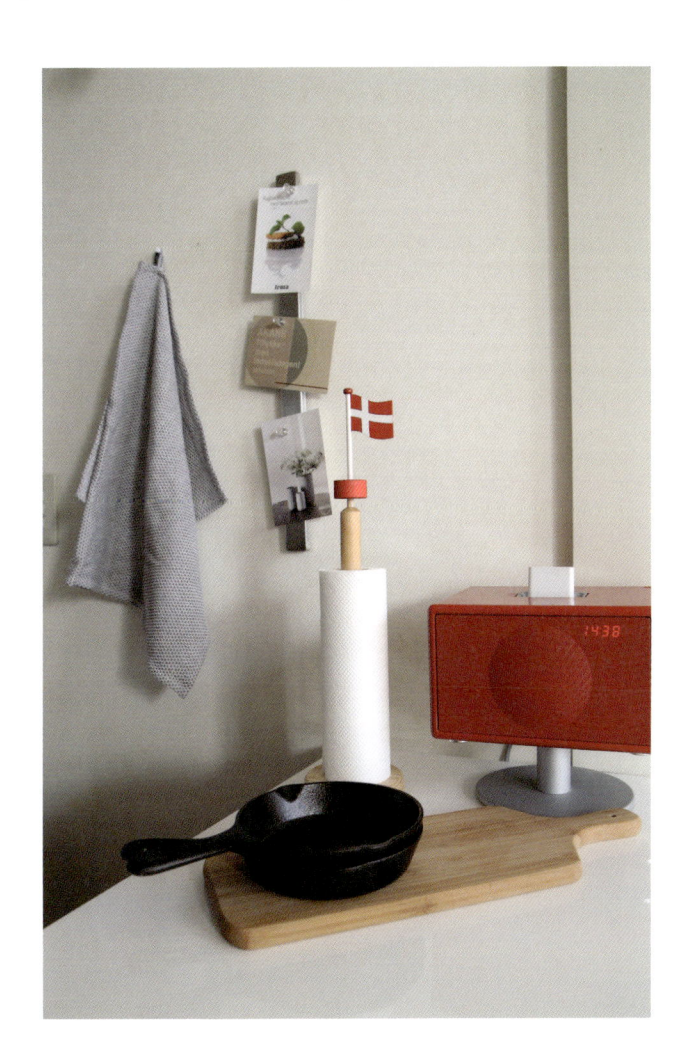

087 / LOVE LIFE　　Someone's Kozlife

POINT_2 ミニマムスペースには、
「本当に好きなもの」を少しだけ

足付きフォルムが可愛い GENEVA のスピーカーは KOZ のオフィスでも愛用しているアイテム。デザイン性抜群なうえに、音質も使い勝手も良いお気に入りなんだとか。「調理台として使うこともあるキッチンカウンターは、極力すっきりさせておきたいので、本当に好きなもの、邪魔にならないものを選びぬいて配置しています。壁掛けしている GEORG JENSEN DAMASK のキッチンタオルは、使っていくうちにどんどん使いやすくなっていく、本当におすすめのひとつです」

POINT_3 これ！というテーマを見つける楽しみ

自己紹介にも書いてある通り、デンマークが大好きなアカネちゃん。インテリアにもデンマークカラーのレッドを散りばめています。

「いくら好きだといっても、赤ばっかりだとうるさくなるし、子供っぽくなるような気がします。多色使いは、部屋がゴチャつく原因にもなりかねないのですが、あえて他のカラーをミックスすることで大人っぽくまとまるように意識しています」

最近仲間入りしたというソファは HAY の AAL。キッチンカウンターのスツールと同じシリーズですが、明るいカラーを選んでフリースペースに華やかさをプラス。

089 / **LOVE LIFE**   *Someone's Kozlife*

04

工夫を楽しむ
ファミリーインテリア

SUYAMA'S
KOZLIFE

天使のような愛らしさで出迎えてくれたのは、「デザインの研究所」代表の須山さんの娘ちゃん。撮影時は幼稚園で不在だった長男くんとは対照的なおとなしさなんだ、とエピソードを聞かせてくれるご夫婦のお話からは、たっぷりの愛情で二人を育てていることが分かります。「デザインが気に入っても、自分たちの予算に合わなければダメ。家具を選ぶときはいろいろな視点からそれがベストかどうかを考えています」と話す須山さんは、掘り出し物を見つける名人なのです。

091 / LOVE LIFE　Someone's Kozlife

POINT_1 男前なシンプルさで空間を広く使う

撮影時はちょうどクリスマスの時期。ツリーに興味津々の娘ちゃんと、それを見守る夫婦はインテリアにすんなりと馴染んで、思わずほっこりしてしまいました（P90）。うってかわって、いつもの雰囲気はこちら（P91）。おとなしい娘ちゃんに、しっかりと言い聞かせることができたので飾り始めたという観葉植物も、オーディオ類もどこか男前な印象。

「デザインの研究所」代表取締役
須山友之 TOMOYUKI SUYAMA

KOZのお店のコンセプト開発、オンラインショップサイト制作など、洗練されたセンスでショップを支えてくれる「デザインの研究所」さん。須山さんはKOZの雰囲気もよく分かってくれていて、いつも色々な視点からサポートしてくださる頼もしいお方です。

check!!
デザインの研究所HP
「デザインの研究所
（http://www.whatisdesign.jp/）」

092

093 / LOVE LIFE　Someone's Kozlife

POINT_3　スペースを見逃さない

四角いダイニングフロアに、円形のテーブルをセットしたことで生まれたデッドスペース。床に置いたスツールとのバランスを見ながらシンプルな飾り棚を設置して、小さなディスプレイコーナーにしています。オマジオブラックに飾ったグリーンで、ちょっとしたスペースにも彩りを。

POINT_2　中古ならではのお値打ち感と味わいを楽しむ

「このテーブル、普通に買ったら結構なお値段のものだけど、たまたまオークションに出ていたからすぐに手にいれたんだ」嬉しそうに話す須山さんの目はキラキラしています。「飾るものや全体のテイストなんかもだいたい、主人に任せています。それが私の好みでもあったりするので」とほほ笑む奥さんもまた素敵。

POINT_**4** コーヒー
アイテム

コーヒーを淹れることも趣味の1つだという須山さん。ドリッパーや数種類の豆、カップなどは1か所にまとめて、ディスプレイとしても楽しんでいます。「買うときに、飾れるようなもの、カッコいいものを選ぶように心掛けてます」という言葉通り、とても絵になるコーナー。撮影中に淹れてもらったコーヒーは当然ながら絶品でした。

POINT_**5** アイテムリンクで統一感を

リビングダイニングと色調を合わせるだけでなく、同シリーズのアイテムを使うことで家全体がスペシャルな空間に。「3個セットのオマジオ（ミニ）は複数まとめて飾るのが可愛いと思います。ブラック＆ホワイトのタイプだと可愛らしくなり過ぎず、自分好みのテイストになりました」という須山さん。家族みんなが心地よく過ごせる空間作りは、いろいろなアイディアとセンスに満ちていました。

095 / **LOVE LIFE** *Someone's Kozlife*

05

"家族"と"みんな"が全員うれしい

KOSHIBA'S KOZLIFE

最後は小柴シェフ&みわこ店長夫妻のお宅へ。
パーティの準備をしながら出迎えてくれたお二人は、
調理担当・小柴シェフ、空間装飾担当・みわこ店長と
息の合った連携でテキパキと動き回っていました。

097 / LOVE LIFE　Someone's Kozlife

POINT_1　調理器具にもこだわりを

料理を作る姿を一層引き立てるのが北欧の調理器具たち。レイエのゆびさきトングで丁寧に生ハムを扱う姿から、もてなす相手だけでなく、食材への愛情も伝わってきます。

POINT_2 メインディスプレイ

KOZでもおなじみのアイテムがバランスよく飾られたディスプレイ。「私たちが良いと思ったものをお店に出しているので、必然的にプライベートな空間にもたくさん置いてしまいます」とは小柴シェフ。お気に入りのペーパーコレクティブのポスターは3枚並べて。シンプルなデザインなので他のアイテムを邪魔しません。

POINT_3 壁面のディスプレイ空間

もともとは固定電話を置くために作られた空間にも一工夫。「ラブソングはサイズ違いで2つ並べるのが好きなんです。今日は大人のパーティなので、スタイリッシュなカラーを飾りましたが、季節ごとに飾るお花や使うベースを変えて楽しんでいます」と、みわこ店長。お家の各所に合ったお花を調達してくるのが楽しみなんだとか。

POINT_4 和室を活用

こちらはダイニングから独立した和室として作られた空間。ふすまを取り去って、ひと続きのリビングダイニングとして使っています。「ラグとソファで洋風に使ってはいますが、無理に畳を剥がしたり、押し入れのふすまを作り替えたりはしていません。ラグを通して伝わる畳の踏み心地は安心感がありますし、奥まった地板は照明を置くのにピッタリ。こんな和室の使い方こそ、自分たちらしいのではないかと気に入っています」そう話すお二人の考え方はまさに【KOZLIFE】そのものだと思ったのでした。

100

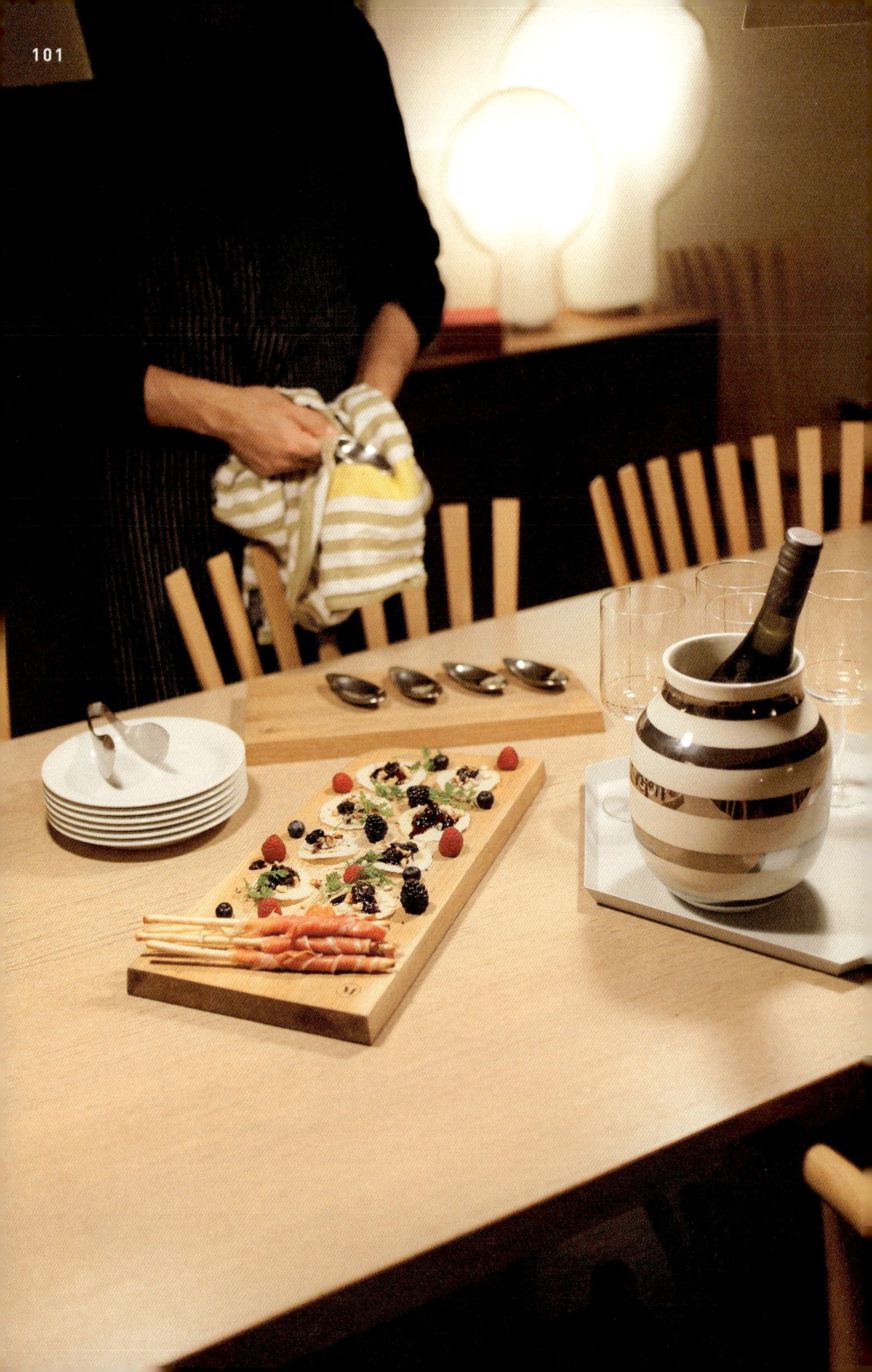

KOZ NEWS!!

デンマーク大使がオフィスに来てくれました
つい先日、デンマークブランド「ケーラー」を日本の市場に広めたことに対し、デンマーク大使が表敬訪問してくださいました。当日はいろいろとありがたいお言葉を掛けていただき、恐縮しつつも……小柴シェフ、ケニー・カネダ揃ってニッコリ。今後、大使館と協力しながら新しい発信をしていきましょう！と固く約束を交わしました。

Products of KAHLER

KÄHLER

ジワジワと人気を高め、今では北欧アイテムの代名詞ともなりつつあるケーラー。
定番のオマジオから、新作のハンマースホイ、デスクで使いたいオフィスアイテムまで
たくさんのラインナップでご紹介します。

（一部商品によってはお取り寄せとなる場合がございます。詳しくは、ショップHPにてご確認ください）

Omaggio（オマジオ）

季節の花を、生き生きと見せてくれるオマジオ。デンマークでも色々なショップでディスプレイに使われていました。たくさんのカラーバリエーションと、サイズ感は日常のどんなシーンにもマッチします。プラスカラーのアニバーサリーシリーズは完売してしまった幻の一品。

▶ フラワーベース

S M L フロア

▶ ミニ3Pセット

ブラック

ブラック、ローズ、ライトグリーン

ブラック、ライトブルー、イエロー

ブラック、グレー、グリーン

▶ キャンドルスタンド

S M L

105 / Products of KAHLER

Hammershøi（ハンマースホイ）

食器やキャンドルホルダー、フラワーベースまで幅広いラインナップを持って登場したハンマースホイ。気品あふれる美しいフォルムが特徴で、エレガントさではピカイチです。写真や画像で見るよりもずっと素敵な商品なので、是非、手にとってもらいたいシリーズです。

▶ フラワーベース

| ミニ |  S |  M |  L |

▶ キャンドルホルダー

| ミニ |  S |  M |  L |

▶ 食器

| プレートS |  プレートM |  プレートL |  ディーププレート |

| サラダボウル |  ボウル |  ダブルウォールカップ |

106

Love Song (ラブソング)

その名の通り、恋愛をモチーフにした名曲をまとったベース。ミニサイズはソニーとシェールのI Got You Babe。SサイズはビートルズのAll you need is Love。Mサイズはエルヴィス・プレスリーのLove me tender。Lサイズはフランク・シナトラなどたくさんのアーティストがカバーした名曲It had to be you。どの曲も長きにわたって世界中で愛される曲。サイズに合わせてそれぞれ異なる書体で歌詞が彫られています。

ミニ　　S 　　M 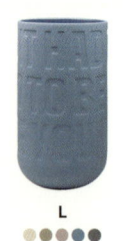　　L

Botanica (ボタニカ)

手作りのぬくもりにあふれたボタニカシリーズ。特徴的な丸みと、植物を連想させる素朴なカラーリングはそのまま置いておくだけでもほっこりとした雰囲気を生みます。サイズも形もバリエーション豊富なので、組み合わせて楽しむことも出来るアイテムです。

▶ ミニ

グレーローズ 　　グレーブラウン 　　グレーグリーン 　　グレー 　　イエロー

▶ ミニチュア

ライト

ダーク

▶ フラワーポット

イエロー 　　ブルーグリーン 　　グレー

カーキグリーン 　　グレーブルー 　　グレーグリーン

107 / Products of KAHLER

Ora（オラ）

ケーラーらしい丸みをおびたフォルムが可愛い、オラのテーブルクロック。ホワイト、ブルー、ローズは陶器らしいツヤと安定感のある適度な重みがどんなシーンにもマッチします。ブラックだけはツヤのないマットな質感に仕上げられており、クールなインテリアや男性へのプレゼントにもおすすめ。

| ブラック | ホワイト | ブルー | ローズ |

Avvento（アヴェント）

どんなシーンにも溶け込むアヴェント。クリスマスの季節には赤や白のアイテムと合わせて気分を盛り上げて。ツリーを象ったオブジェたちで、あなただけの小さなデンマークを楽しんでみてください。

S 　M 　L

Nobili（ノビリ）

ケーラーが作るオーナメントとクリスマスツリーのキャンドル。シンプルで落ち着いたカラーリングなので、クリスマス以外でも飾れるアイテムです。また、アーバニアのおうちキャンドルと同じデザイナーさんの作品なので、組み合わせの相性は抜群。

オーナメント

キャンドルホルダー（S・M・Lサイズ）

108

Mano（マノ）

ほっこり癒し系のデザインと使い勝手の良いサイズ感が人気のマノは、しっかりした重みがあるので安定感も抜群。違う色同士で組み合わせても、同色をシリーズで揃えても、とにかく絵になるシリーズです。

▶イメージ画像はジェイドのコーディネート

カップ（ターコイズ、ジェイド、グリーン、ホワイト）

ボウル（ターコイズ、ジェイド、グリーン、ホワイト）

プレート（ターコイズ、ジェイド、グリーン、ホワイト）

Ursula（ウワスラ）

元々、ロイヤル コペンハーゲン社のモダンラインとして多くの人々に愛されてきたウワスラは、北欧好きの方なら必ずと言って良いほど知っている、北欧デザイン食器の先駆け的存在。2014年、ついにケーラー社から復刻！しました。

プレート
XS、S、M、L

ディープ
プレート

ボウル
S
M
L

マグ

カップ

ジャグ
S
M
L

Cono Leaf Dish （コーノリーフディッシュ）

メープル＝楓、ビーチ＝ブナ、オーク＝ナラ
どの木々も私たちの暮らしの中にあります。椅子やテーブル、床材……メープルならシロップとして食卓にも登場しますね。そんな木々の葉っぱが素敵なお皿になりました！

| ビーチ（ブルー） | メープル（ペトロール） | オーク（ライトグレー） |

Cono （コーノ） キャンドルホルダー

コーノは松ぼっくりからインスピレーションを受けたデザインが特徴的。カジュアルにもフォーマルにも飾れて温かみのあるフォルムは寒い季節にぴったりです。ブラウンは4つセットで、並べて飾るのがおススメ。ブルー、グレーの新しいカラーのものはお好みのものをチョイスしてアヴェントやアーバニアのアイテムと組み合わせるのも素敵ですよ。

※ブラウン系は4個セット販売、ブルー系はそれぞれ単品販売です。

| ダスティブルー | ブルー | ペトロール | ライトグレー |

Urbania (アーバニア)

キャンドルハウスだからって無理にキャンドルを使わなくてもいいんです。オブジェとして棚や玄関に飾ったり。天気が良い日にはお庭に飾るのもありです。このシンプルなデザインだからこそ、緑のなかにも映えます。外でなくても、家にある観葉植物なんかと一緒に飾ってもいいですよね。

モデルナ 　ファンクショ 　クラシック 　シティハウス 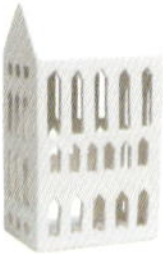　チャーチ

アパートメント 　バジリカ 　イルムス ボリフス オリジナル　ファンキス 　クビス

Urbania candle house
(アーバニアキャンドルハウス)

ランタン S 　ランタン M 　ランタン L

Stella (ステラ)

ステラは「星」という意味。デンマークの白い星があなたのもとにやってきました。キャンドルホルダーとしてだけでなく、フラワーベースとしても楽しめるアイテム。

ステラ

111 / Products of KAHLER

Officina（オフィシナ）

ワーキングデスクの衣替えに、オフィシナを取り入れてみてください。やぼったくなりがちなデスク周りが一気に明るくなって、仕事が楽しくなりそう。KOZスタッフは、HAYのアイテムと組み合わせて使っています。

ブックスタンド 　ペンホルダー 　テープホルダー 　ストレージジャー 　レターホルダー

Bellino（ベリーノ）

大人気シリーズ、オマジオのデザイナーが手掛ける、小さくてかわいい小物入れは、カラーバリエーションが豊富なのが、嬉しいですよね。大人っぽくもかわいくも使えて、あらゆるシーンで大活躍の予感。

アイスブルー 　ローズ 　ローズブラウン 　ミスティーローズ

グリーン 　ダークグリーン 　グレー 　ライトグレー

112

113 / **Products of KAHLER**

114

Products of HAY

世界中で大人気のHAY。昨年からKOZLIFEが正規代理店として日本での普及に協力させてもらっています。今回は日本の皆さんに特に人気のある商品や、新しく取り扱いを始めた商品などをたくさんご紹介します。

（一部商品によってはお取り寄せとなる場合がございます。詳しくは、ショップHPにてご確認ください）

HAY テキスタイル・アクセサリーディレクター
Mette Hjørt Hay

昨年行われた HAY HOUSE TOKYO には、テキスタイル・アクセサリーディレクターの Mette 氏も駆けつけてくれました。「HAY はクオリティの高いデザインを追求しているけれど、だからといって手の届かないものにはしたくないの」とお話してくれた Mette 氏。「今後、発表される新作アイテムについて少し教えてもらえませんか？」とリクエストしてみると、自信に満ちた笑顔で「今日も一部展示している、パリッサードのコレクションは現在準備を進めているところよ。日本でも、今年の夏頃までには展開したいと考えているの」と答えてくれました。

116

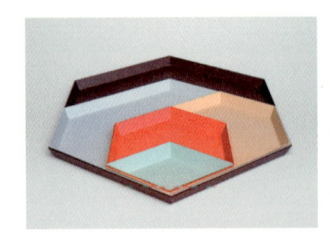

01. 雑貨
Zakka

Kaleido

ＨＡＹの人気アイテムの1つでもあるこの、カレイド。Kaleidoscope（万華鏡）を語源とするこのアイテムは、どのサイズも角がぴったりと重なります。好きなサイズやカラーを選んで自分だけの組み合わせを楽しんで。

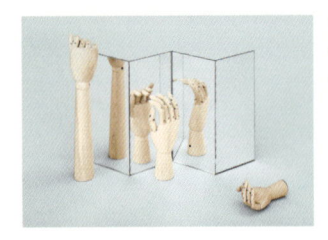

XS　　S　　M　　L　　XL

Wooden Hand

関節の曲がり具合といい、大きさといいリアルな感じがお見事！なハンズ。Mサイズは成人女性の手とほぼ同じサイズ感です。単なるオブジェとしても絵になりますが、ジュエリースタンドとして、指輪や腕時計などをはめて使うのもおすすめです。

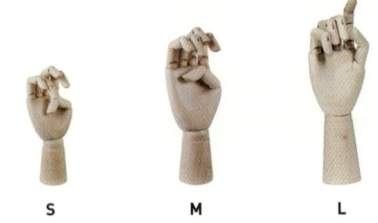

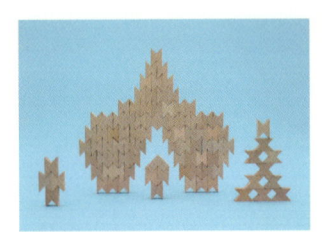

S　　M　　L

Twins

ウッデンハンドと同じ、WOODシリーズでもう一つ人気なのがこちらのツインズ。同じ形をした積み木のオブジェです。子どもと一緒に様々な形を作りだしたり、2つ、3つをちょこんと飾ったり。無限大の可能性を秘めたアイテムですよ。

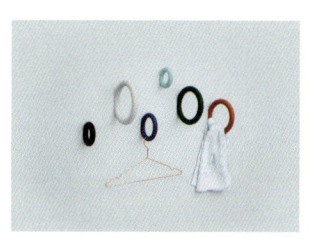

117 / Products of HAY

Gym

カラフルなドーナツ型のフック。一見ただのオブジェの様だけど、実はとっても機能的。遊び心いっぱいのHAYらしいアイテムです。

S

M

L

Lup

北欧の人たちの生活に欠かせないキャンドル。どこかクラシックなフォルムを残すこのルップも、HAYの手にかかって、モダンでインパクトのある形になりました。

ブラック

コッパー

Hang Twisted

表面がツルっとしてシンプルなハングと、ねじったようなデザインが遠くから見るとキラキラして見えるツイスト。適度な重さとコッパーカラーがワンランク上のハンガーを演出しています。

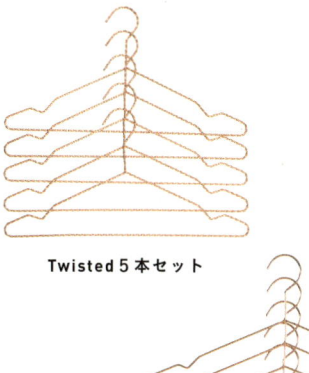

Twisted 5本セット

Hang 5本セット

Box Box

お片付けの強い味方。キレイな配色とサイズ違いのボックスが印象的なボックスボックス。これなら簡単に楽しく片づけられそうですね。デスクトップはオフィスでも大活躍のサイズ感で、デイタイムの癒しに。

5個セット
(ブルー、グリーン、レッド)

デスクトップ5個セット
(ブルー、グリーン、レッド)

Zip it Mesh

ポーチといえば、柔らかくて丸みを帯びたものを想像しますが……HAYのポーチはやっぱりユニーク！どのサイズも自立するので、デスクのちょっとしたものを入れておくのに重宝します。

XS(イエロー) 　　　　L(グレー)

119 / Products of HAY

02. 文具
Stationery

Feather

いちいちオシャレなHAYのステーショナリー。フェザーペンはHAYらしい色遣いとパターンが楽しい5色展開。芯の取り換えはできないので、使い終わったらインテリアとして楽しんで。

ブルー　　ドット　　レッド　　イエロー　　ネイビー

Wooden Ruler

いつもはこだわっていないのに、見たらこだわりたくなってしまう。そんなHAYマジックを秘めたアイテムが、このルーラー。ただただ可愛いこの子たちは、ほとんどデスクの飾りですね（笑）。それでも欲しくなってしまう、HAYマジック。

グリーン２個セット　　ブルー２個セット　　グレー２個セット

Magnetic Tower
(Wrong for HAY)

ルーラーと同じく、「絶対に必要」というわけではないのに、欲しくなってしまうこちらはマグネットタワー。小さなケースに入れてしまえば味気ないものでも、絵になる佇まいに。

Scissor

はさみのフォルムって、すごく美しいと思いませんか？海外のインテリア写真などでよく見かけるのが、このはさみを持ったウッデンハンド（P.116）。日常的に使うものこそハイセンスなアイテムで気分をあげたいですね。

ブラック　　ブラス

Tape Block

気付いたらたくさん持っているマスキングテープ。デスクに出しっぱなしにしていると、いつの間にか行方不明になっていたりしますよね。ブロック型のカッターにセットすれば、卓上にちょこんと置けるインテリアになります。

Bullet

「弾丸」という意味を持つペンは、黒インクのボールペンです。なめらかでスリムなフォルムは、長時間の書き物には向きませんがペン立てに高級感を与えてくれる素敵な一品。

Time

待望の新作、タイム。薄いカラーガラスのコンビネーションが美しい、砂時計です。絶妙な色合いは見ているだけでも時を忘れてしまいそう。サイズ違いをいくつか組み合わせて飾るのがおすすめです。

S:ミント、ブラック

M:ゴールド、ミント＆グレー、グレー＆パウダー、パウダー＆レッド

L:ミント＆パウダー、グレー

Edge Notebook

ちょっとしたメモ用にデスクに出しっぱなしにしておきたいノート。中身はどれも無地のノートなので、お好みの色をチョイスして。

ライトグレー、ダークグリーン
ミッドナイトブルー、ロイヤルブルー、ローズ

Colour Notes

半透明のデザイン違いが2種類ずつのセットになったHAYのふせん。カラーリングやデザインの楽しさは、手帳の主役になりそう。

グリーン　オレンジ　ピーチ

ピンク　グレー

Outline

名刺や領収書をまとめたり、ノートや雑誌をちょこっと留めておくのに便利なアウトラインクリップ。そのままデスクに出しておいても素敵なインテリアです。

Clip Clip

クリップクリップは強めのホールド力が魅力。紅茶の袋や食べかけのお菓子など、しっかりはさんでおけます。スプーン付きはコーヒーや調味料の袋に使えば一石二鳥。

with handle　with spoon

121 / Products of HAY

03. ファブリック
Fabric

Face & Bath Towel

見ているだけで元気になれる。そんな鮮やかなカラーが目をひくカラータオル。いつものバスタイムも楽しみになりそうなアイテムです。

フェイスタオル（レッド、イエロー）

バスタオル（レッド、イエロー、ブルー）

Paper Carpet

日本製にはないカラーバリエーションが魅力。空間の印象を左右するラグにこそ、ハイセンスなアイテムを選んで。

ブルー

イエロー

グリーン

Tea Towel

斬新な色使いが特徴のティータオル。カラフルな色合いとは対照的にシンプルなデザインは、世界中で大人気です。無難な色を選んでしまいがちな日常品にこそ、遊び心をプラスしてみてください。

Random Dots（マゼンタ×シェルピンク）

Big Dots（オレンジ×ブルー）

Layer Dots（オレンジ×イエロー）

Landscape（ホワイト×イエロー）

Block Dots（ライトグリーン×アイスグリーン）

Gold Forrest（オレンジ×グリーン）

BOX（ピンク×レッド）

Kitchen Tiles（ホワイト×パープル）

Hanging grid（オレンジ×ブルー）

Gradient（ホワイト×ブルー）

Colour Cloth

ポップなカラーがいかにもHAYらしいカラークロス。実は、日本の「ふきん」からインスピレーションを受けてデザインされたんだとか。

orange 2枚セット

nude 2枚セット

pink 2枚セット

yellow 2枚セット

04. 家具
Furniture

DLM

「DLM」Don't Leave Me＝私を置いてかないで！
どこに置いても絵になるサイドテーブルは、軽さとデザインが魅力。大小2サイズ並べて使っても親子みたいで可愛い。

ホワイト　　イエロー　　ブラック　　グレー　　パウダー

AAC22

ダイニングテーブルにはもちろん、会議室やレストランなどあらゆるシーンに対応できる汎用性を高めてデザインされたAAC22（About a Chair）。一見シンプルに見える構造や、身体への配慮は北欧デザインの王道。

AAS32

ハイスツールなのに抜群の安定感を誇るAAS32（About a Stool）。アカネちゃんも自宅で愛用しています。

ホワイト　　ブラック　　マスタード

コーラル　　グレー

ホワイト

123 / Products of HAY

J104

かのハンス J ウェグナーと並び賞賛される、ボーエ・モーエンセンが立ち上げた FDB møbler 社より、made in denmark の名作 J104、J110 Chair を HAY が復刻しました。

| ブラック | コーラル | グレー | ビーチナチュラル | ホワイト |

J110

| グレー | ビーチナチュラル | ホワイト |

CPH

デザイナーは、あのVitra社を始め、ALESSI社や多数の世界的ブランドでも数々のデザインを発表しているロナン＆エルワン・ブルレック兄弟。コペンハーゲン大学のリニューアルプロジェクトの一環として発表された作品です。人間工学に基づき計算されたフォルムなので、男性、女性問わずにフィットする万能さがあるんです。

| オークラッカー | オークグレー |

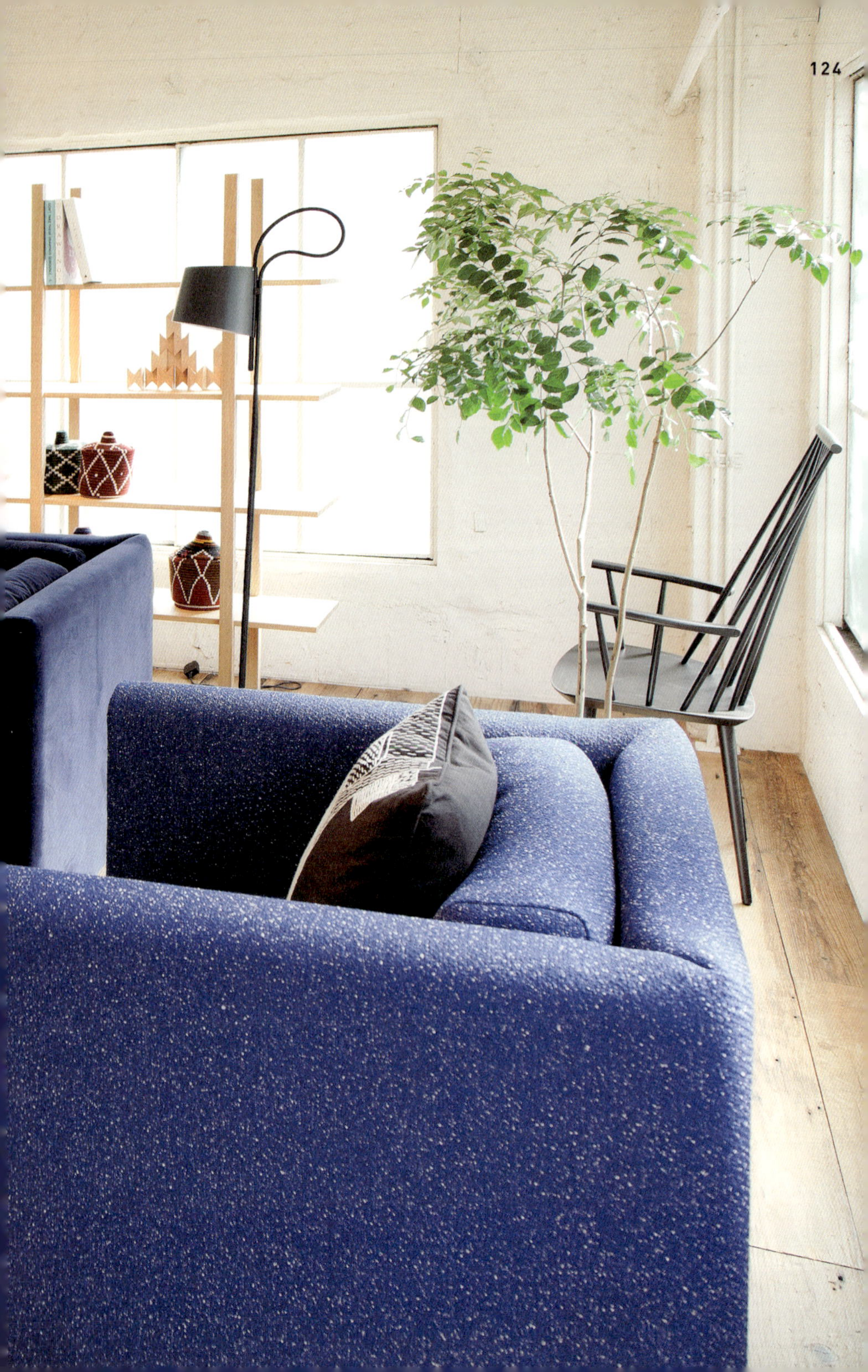

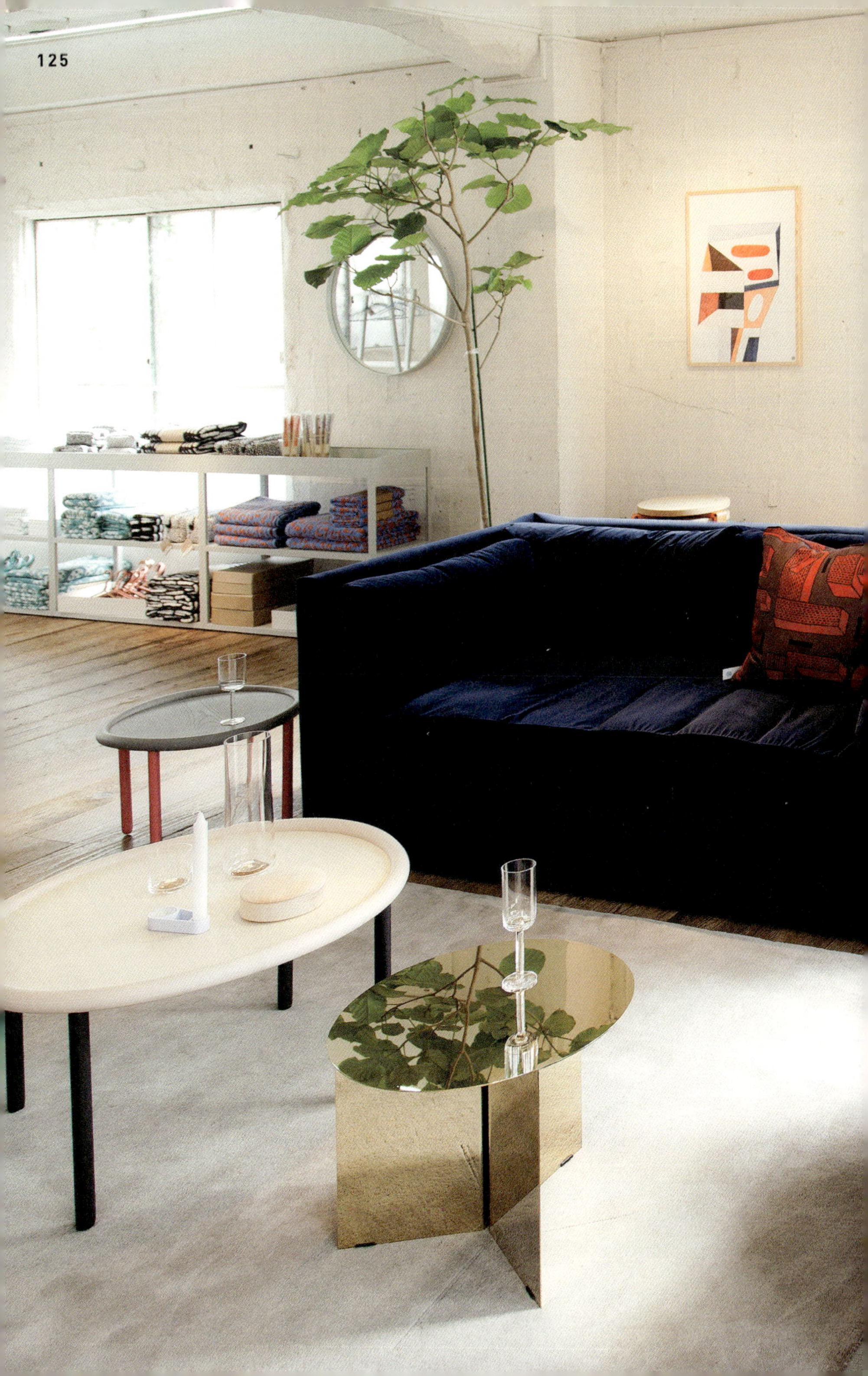

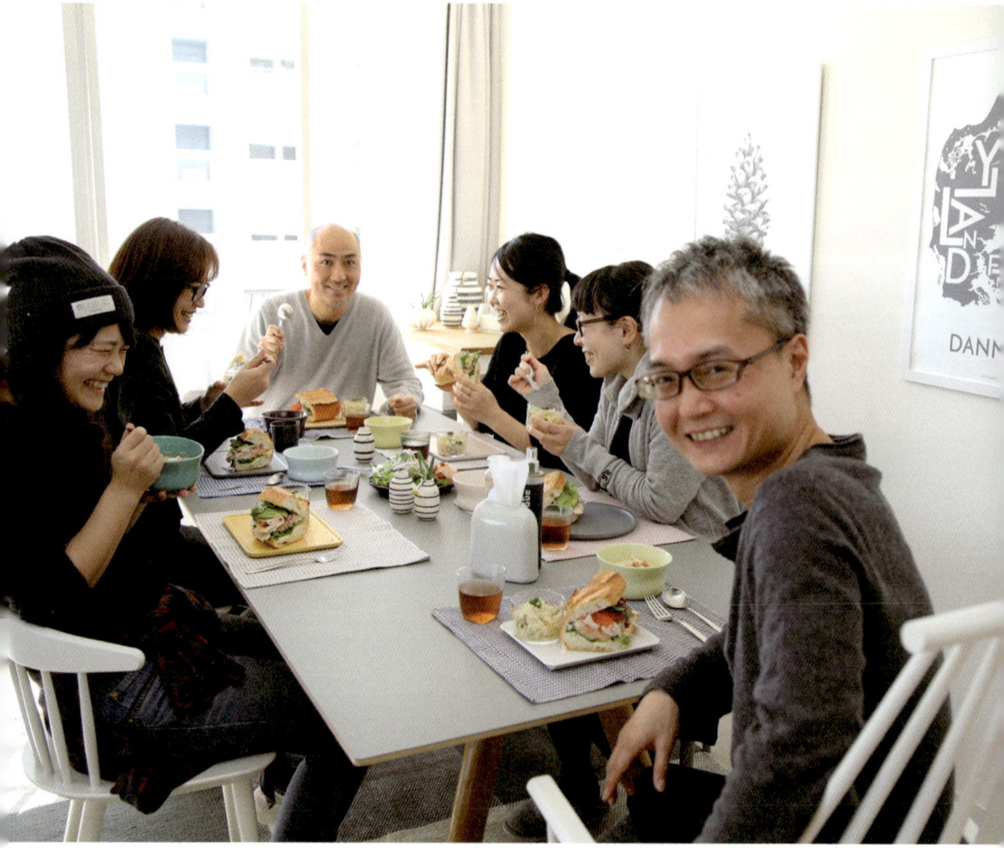

おわりに

LOVE FOOD　LOVE LIFE──。
この本のサブタイトルにもなっている、わたしたちのスローガン。
このスローガンの「FOOD」と「LIFE」には、いろいろな意味が込められています。

【FOOD】
食べることが大好きなわたしたち。毎日の食事はもちろん、
休日のパーティも特別な日の外食も、とにかく美味しいものには目がありません。
でも、それだけじゃないんです。
「おはよう」ではじまる、大切な家族との朝食。
あわただしい中でも必ず揃って「いただきます」をするまかないも、
かけがえのない KOZ の仲間たちと囲みます。
「久しぶり」な友人とだって、とっておきのディナーは
あっという間にその距離を縮めてくれますよね。
KOZ の愛する「FOOD」は、そういう大切な時間すべてを指しているんです。

【LIFE】
「人生を愛する」なんて、ちょっと大げさに感じる方もいると思います。
でも、それだけじゃないんです。
仕事に追われる毎日を過ごすデスク。そのデスクで使うものこそ、
「ホッ」となごむようなアイテムを選びたい。
眠い目をこすって作る朝食こそ、ほんの 5 分だけ時間をかけて選んだ食器で用意したい。
飾った花のために、毎日少しだけ水替えや整理整頓の時間を作りたい。
そういうちょっとした生活のゆとりを大切に、毎日を過ごせたら……。
なんでもない時間も、日々も、愛すべき人生の一部になると思うんです。
ネットショップ KOZLIFE は、これからも初心を忘れず、
みなさんの「LOVE FOOD　LOVE LIFE」を実現する手助けをしていけたらと思っています。
そして、この本がそんな手助けの一端になれたなら、とっても幸せです。

　　　　　　　　　　　　　　　　　　　　　　　　KOZLIFE 一同より、愛をこめて♡

「KOZLIFE」
北欧雑貨や食器、家具などを中心に展開するネットショップ。
こだわりのまかないレシピや、季節ごとの特集記事など日々更新中！
http://www.kozlife.com/

KOZLIFE

LOVE FOOD LOVE LIFEで暮らす、
北欧スタイルのアイディア

2016年3月9日　第1刷発行

著　者　KOZLIFE

企画・編集　田中彩乃

発行人　安本千恵子

発行所　株式会社イースト・プレス
　　　　〒101-0051　東京都千代田区神田神保町2-4-7
　　　　久月神田ビル 8F
　　　　TEL 03-5213-4700/FAX 03-5213-4701
　　　　http://www.eastpress.co.jp

印刷・製本　中央精版印刷株式会社

STAFF

デザイン：菊池 祐（LILAC）
撮影：小山曉、KOZLIFE
構成・文：宇佐美彩乃
LOVE FOOD アイコンデザイン：鳴尾仁希
プロフィールイラスト：ユザワ

本書の無断転載・複製を禁じます。
落丁・乱丁本は小社あてにお送りください。
送料小社負担にてお取り換えいたします。

©KOZLIFE 2016 Printed in Japan
ISBN 978-4-7816-1403-8